Especialmente para:

Alma Jimenez

De:

....

El día:

Junio 17, 2019

Oraciones
y promesas
para cada día

≋CASA PROMESA
Una división de Barbour Publishing, Inc.

©2016 por Barbour Publishing, Inc.

ISBN 978-1-63409-677-5

Desarrollo editorial: Semantics, P.O. Box 2036, Mt. Juliet, TN 37121, semantics01@comcast.net

Publicado por Casa Promesa, P. O. Box 719, Uhrichsville, Ohio 44683

Nuestra misión es publicar y distribuir productos inspiradores que ofrezcan valor excepcional y motivación bíblica al público.

Member of the
Evangelical Christian
Publishers Association

Impreso en China.

Introducción

*Acerquémonos, pues, confiadamente
al trono de la gracia, para alcanzar
misericordia y hallar gracia para
eloportuno socorro.*

¡Qué invitación tan increíble! Podemos llevar
—en cualquier momento— cualquier petición
ante el Rey del universo. Y no sólo eso,
también nos aconsejan que "lleguemos ante su
presencia con alabanza" (Salmo 95:2) y "con
regocijo" (Salmo 100:2). El Dios Todopoderoso
al que servimos está interesado en cada uno de
nosotros, y verdaderamente quiere oír lo que
tenemos que decir ¡Eso es amor genuino! Las
palabras de estas oraciones tienen la intención
de desafiarte a medida que desarrollas una
relación más íntima con tu Padre celestial,
una relación que Él está esperando
con gran expectativa.

Enojo

Si no quieres ser propenso al enojo,
no alimentes el hábito; no le des nada
que pueda provocar su aumento.

EPICTETUS

Enojo controlado

No puedo con ello, Padre. A veces parece
que otros deliberadamente hacen cosas para
enojarme. Quizá son así con todo el mundo,
pero me cuesta no tomar represalias. Intento
con todas mis fuerzas ser como tú, pero es una
lucha. Por favor, ayúdame a controlar mi enojo;
ayúdame a no ser tan sensible.

Una pérdida de tiempo

Lo volví a hacer, Señor. Arruiné toda la tarde
por algo increíblemente ridículo. No pude
dormir bien porque aún estaba furiosa.
Mi enojo siempre es una pérdida de tiempo
y de energías. Perdóname Padre. Dame la
fuerza para controlar mi genio, y no
permitas que arruine más tardes ni
a mí misma ni a los demás.

El tiempo y el lugar correctos

Una de las historias más interesantes en tu
Palabra es cuando limpiaste el templo. Me ha
enseñado que hay un tiempo y un lugar para
el enojo. El pecado es siempre algo que debería
provocar furia. Tan sólo ayúdame a dirigir mi
enojo hacia el pecado y no hacia el pecador.

Reaccionando airadamente

Padre, tú conoces la montaña rusa emocional
en la que he estado subida. Quiero alegrarme
por mis amigos cuando se gozan, pero el dolor
de mi corazón es muy crudo. Parece que mis
seres queridos están alardeando de su gozo,
y no puedo hacer otra cosa que reaccionar
airadamente. Sé que eso les duele y no te agrada
a ti. Por favor, ayúdame a superar esta lucha.

El enojo duele

Sólo estaba intentando ayudar. Sabía por propia experiencia que él estaba a punto de cometer un error. Intenté ser amable pero él se enojó mucho, diciéndome que no era de mi incumbencia. Ahora ni siquiera me habla, y eso duele. Por favor sana la brecha, Padre.

Niños

No podemos formar a nuestros hijos según
nuestras propias ideas; debemos aceptarlos
y amarlos como Dios nos los da.

JOHANN WOLFGANG VON GOETHE

Ser padres en realidad

Desde que era niña, uno de mis mayores
sueños era ser mamá. Se me daba bastante
bien cuando fingía con mis muñecas, pero la
realidad es muy diferente. Ahora que tengo
hijos, no siempre estoy segura de mí misma.
Por favor Dios, dame sabiduría y valor
para ser una buena madre.

Un cómico alivio

A veces los niños pueden ser muy cómicos, Señor. Dicen las cosas más divertidas o ponen las caras más raras. A veces lo único que tengo que hacer en un día pesado es mirarlos. Harán algo tan gracioso que no podré hacer otra cosa que reírme. Enseguida me siento mejor. Los niños son un regalo maravilloso.

Juegos de niños

Señor, a mis hijos les encanta cuando juego con ellos, y a veces mi participación en sus actividades contribuye significativamente a su desarrollo. Pero para ser honesta, no se me dan muy bien sus juegos. A menudo me distraigo con otras cosas que tengo que hacer. Por favor no dejes que pierda de vista la verdad: que jugar con mis hijos es un logro importante.

Verdades de Dios

Hay muchas cosas que tengo que enseñar a mis hijos sobre ti, Señor. A lo largo de sus vidas habrá muchas preguntas. Afrontarán personas y situaciones que les harán dudar de ti. Dame oportunidades de instaurar tu Palabra para que, cuando vengan las dudas, puedan permanecer firmes.

Una oración por mis hijos

El otro día alguien me recordó lo importante que es orar por mis hijos. Así que aquí estoy Señor. Por favor protege a mis niños. Obra en sus vidas, para que quieran servirte con su cuerpo, mente y corazón. Pon esas cosas que necesitan, y llénalos de contentamiento mientras disfrutan del calor de tu amor.

Iglesia

Hasta que no fui a las iglesias de América
y oí sus púlpitos arder con la justicia, no
comprendí el secreto de su genio y poder.

Alexis de Tocqueville

La familia de mi iglesia

Mi iglesia es especial para mí de muchas formas, Señor. Estoy muy agradecida de que me hayas puesto entre un grupo de creyentes tan maravilloso que me animan y oran por mí. Permíteme ser una bendición para ellos también, y ayúdame a no olvidar nunca lo importantes que son en mi vida.

Predicando la verdad

Gracias por mi pastor, amado Dios. Él te ama, y ama a quienes ministra. Saber que su deseo es presentar las verdades de la Biblia es un gran consuelo en un mundo que está lleno de falsas enseñanzas. Bendice a mi pastor mientras continúa predicando tu Palabra.

Decisiones de la iglesia

Hay muchas decisiones que se tienen que tomar con respecto a asuntos relacionados con nuestra iglesia, Padre. No son decisiones fáciles de tomar, y cada uno tiene una opinión diferente sobre cuál debería ser el resultado. Por favor, danos dirección y unidad. Obra en medio nuestro para que podamos llevar a otros a tu reino.

Gente preciosa

Hay mucha gente preciosa que ofrece su
tiempo y sus talentos para ti, Señor Jesús.
Tan sólo quiero darte gracias por cada uno.
Aprecio a los que hacen una contribución
pública y también a los que trabajan
entre bastidores. Significan más para
mí de lo que puedo expresar.

La familia del pastor

Te pido Señor, que estés con la familia de mi
pastor. Él dedica muchas largas horas a servirte;
y aunque saca tiempo para pasarlo con su
esposa e hijos, aun así tienen que hacer
algunos sacrificios. Bendice a cada uno
de ellos en su esfuerzo por llevar tu
amor a nuestra iglesia y comunidad.

Comunidad

La vida que yo toque para bien o para
mal tocará otra vida, que, a su vez,
tocará otra, hasta quién sabe dónde
se detenga el estremecimiento o en
qué lugar lejano se sentirá mi toque.

FREDERICK BUECHNER

Actividades que honran a Dios

Hay muchas formas de involucrarse en
mi comunidad, Padre, y te pido que
me muestres qué hacer. Quiero escoger
actividades que ayuden a otros y que te
den gloria a ti. Ayúdame a sopesar las
posibilidades cuidadosamente y a tomar las
mejores decisiones. Gracias por estas
oportunidades de honrarte.

Un testimonio en mi comunidad

Señor, hay tanta gente en mi comunidad que
o bien no se interesan por ti o creen que te
agradarán por sus propios méritos; pero varios
de ellos realmente no te conocen. Te pido que
abras puertas para que pueda darles testimonio.
Mi oración es que muchos acudan a ti.

Ofreciendo alternativas

He notado muchos eventos inquietantes en
mi comunidad, Señor; actividades que no te
glorifican en forma alguna. Yo no participo
de ellas, pero algunos cristianos sí,
o bien por la presión de los iguales o
simplemente porque no saben que está
mal. Abre sus ojos. Ayúdanos a estar
unidos para ofrecer tu luz en la oscuridad.

Recién llegados

Vivimos en una comunidad muy unida,
Señor. En muchos sentidos está bien porque
estamos juntos. A la vez, puede ser realmente
difícil para los recién llegados. Algunas de
nosotras intentamos darles la bienvenida,
pero a menudo se vuelven a ir poco después.
Ayúdanos, Padre, a ser más abiertos con los
nuevos residentes de nuestra ciudad.

Una comunidad cristiana

Estoy agradecida por los cristianos de mi ciudad, amado Dios. Es una bendición convivir con ellos. Recientemente comenzamos un estudio bíblico principalmente con la intención de ser un programa de alcance. Por favor, permite que sea un éxito para ti.

Contentamiento

*Dios se glorifica más en nosotros
cuando más satisfechos estamos en Él.*
JOHN PIPER

Estoy satisfecha

Este es un mundo acelerado donde todos
quieren ir por delante, Padre. A veces
el contentamiento se desaprueba. Algunas
personas lo ven como vaguería o falta de
motivación, pero yo sé que si estoy en el
centro de tu voluntad estaré satisfecha. Ese es
el único contentamiento verdadero que existe.

Piensa en el gato

No es muy difícil agradar a un gatito, ¿verdad
Señor? Lo pones en tus piernas, acaricias su
cabeza y le escuchas maullar. ¡Qué satisfacción!
Me gustaría ser así, pero parece que cuanto
más gano, más lucho. No hay mucho
contentamiento en eso. Permíteme aprender
del gato ¡para estar satisfecha pase lo que pase!

"Pobre de mí"

A veces mi actitud es tan "pobre de mí" que
incluso me enferma, Padre. Sigo pensando
que si tuviera esto o lo otro, la vida sería más
fácil. Sé que me estoy perdiendo una vida
verdaderamente abundante por quejarme
tanto, y te pido que me perdones.
Lléname de contentamiento.

Trabajo y contentamiento

Estoy agotada Señor, ¡pero creo que nunca
me he sentido mejor! No hay nada como un
duro día de trabajo para dar una tremenda
satisfacción. Y realmente estoy anticipando el
buen descanso que me espera porque sé que te
he agradado con mi esfuerzo hoy.

"*Nunca te dejaré*"

Tú has prometido caminar conmigo todo el tiempo y suplir todas mis necesidades, amado Dios, y me gozo de esa garantía. ¿Qué más puedo necesitar? No importa que el mundo presente baratijas resplandecientes, porque su lustre se apaga ante el brillo de las bendiciones y el contentamiento que tú das.

Desánimo

Permanencia, perseverancia y persistencia a pesar de todos los obstáculos, desánimos e imposibilidades: es esto lo que en todas las cosas distingue el alma fuerte del débil.

THOMAS CARLYLE

Cambio de planes

Tengo ganas de llorar, Padre. Planeamos salir de vacaciones la semana que viene, pero hoy mi marido ha sido víctima de un recorte de personal. Las vacaciones ahora son imposibles. Él tiene que encontrar un nuevo trabajo, o no podremos pagar las cuentas. Ayúdame a recordar que todas las cosas ayudan a bien a los que te aman.

Espíritus empapados

Por una vez estaba adelantada con todas mis tareas, Señor, pero la secadora dejó de funcionar y aún tengo una pila de ropa por terminar. Fue divertido tender la ropa al sol para que se secase y fingir que era pionera; hasta que llegó la lluvia. La ropa se empapó, y también mi espíritu. Quería tirar la toalla. Por favor, recuérdame que tú estás conmigo en medio de las tormentas.

No abandones

Señor, no quiero abandonar, pero he
intentado con todas mis fuerzas ser como tú,
y sigo cometiendo errores. Sé que dijiste que
contigo todo es posible, y necesito recordarlo
diariamente. No me dejes que abandone.
Ayúdame a recordar que aún no has
terminado conmigo.

Considerar todo un gozo

Es difícil ver el desánimo como una bendición,
Señor. Pero dijiste que considerásemos todo
como un gozo. Las pruebas aumentarán
mi paciencia y me moldearán para ser una
creyente más madura. Cuando lo miro de esta
forma, es mucho más fácil darte gracias
por los tiempos difíciles.

Animando a otros

Me diste una oportunidad increíble hoy,
Padre, y es todo como resultado de una
situación desalentadora. Me ayudaste en mi
lucha con este problema, y por ello pude
animar a alguien más que estaba afrontando
una situación difícil muy similar.
¡Realmente eres un Dios increíble!

Familia

Los momentos más felices de mi vida
han sido los pocos que he pasado
en casa en el seno de mi familia.

THOMAS JEFFERSON

Bendiciones familiares

Entre tus muchas bendiciones, mi familia
está entre las más grandes. Ellos comparten
mis alegrías y me ayudan a llevar mis cargas.
Querido Jesús, sé que escogiste a cada uno
de mis familiares para ser parte de mi familia
de forma especial, y te doy gracias por
cada uno de ellos. ¡Que les dé yo
también felicidad de alguna forma!

Buenos padres

Amado Señor, tuve mi primer destello de ti a través de las vidas de mis padres. Qué bendición tener unas personas tan piadosas como una parte íntima de mi infancia y mis primeros años adultos. Gracias porque se preocuparon de instaurar en mí buenos principios y me amaron lo suficiente para llevarme a ti.

Reuniones familiares

Tuvimos una reunión familiar el otro día, y me
sorprendió lo mucho que ha crecido mi familia.
No me solían gustar mucho esas reuniones,
pero esta vez fue diferente. Fue un recordatorio
de la gran bendición que me has dado.
También me di cuenta de la oportunidad que
tuve de presentar un testimonio de tu amor
a los que nunca lo habían oído. Creo que las
reuniones no son tan malas después de todo.

Afrontando las diferencias

Señor, tan grande como es mi familia, tiene
que haber algunos de los miembros cuya forma
de ver la vida es significativamente diferente
de la mía. A veces es molesto, particularmente
cuando intentan imponerme su punto de vista.
Dame la fuerza para defender lo que sé que es
verdad, y ayúdame a amar a mi familia
a pesar de nuestras diferencias.

La familia de Dios

Aunque amo mucho a mi familia, estoy
infinitamente agradecida de formar parte de tu
familia. Tener otros creyentes que ríen y lloran
conmigo es una bella estampa de tu amor.
Poder orar con ellos, saber que tú estás en
medio nuestro, es un gran gozo.
Gracias por hacerme tu hija.

Temor

La inactividad engendra duda y temor.
La acción engendra confianza y valor.
Si quieres vencer el temor,
no te sientes en casa y pienses en ello.
Sal fuera y busca una ocupación.

DALE CARNEGIE

Paz en medio del terror

Señor, cuando pienso en el mundo en el que estoy educando a mis hijos, tiemblo. Crimen, odio, terrorismo: están por todos lados, y me asusta. Sé que debería recordar que tú estás en control, y lo intento, pero a veces me enredo demasiado en lo que está pasando. Por favor perdóname, y dame paz.

Temor a lo desconocido

Tengo que reírme cuando pienso en los ridículos temores que tenía cuando era niña, la mayoría eran a lo desconocido. Pero cuando lo pienso bien, incluso ahora mis temores siguen siendo la mayoría de ellos a lo desconocido. Ahora no me parecen ridículos, porque debería confiar en ti en vez de preocuparme. Por favor, ayúdame a que mi pensamiento esté en ti.

Temor sabio

"El principio de la sabiduría es el temor de Jehová" (Salmo 111:10). A veces este pasaje de tu Palabra parece casi contradictorio, Señor, pero hay un temor sano, y hay un temor que paraliza. Sé que este pasaje significa que mi respeto por ti sea tan profundo que aborrezca el pecado. Por favor, ayúdame a tener este temor sabio.

El color amarillo

Una de las canciones más bonitas que conozco trata sobre un niño escudriñando una caja de pinturas de cera y comparando los colores con la vida cristiana. El amarillo representa el creyente cobarde, al que le da miedo compartir el amor de Cristo con los demás. Por favor no dejes que sea amarilla. ¡Permite que sea valiente para ti!

Temor a rendirse

¿Por qué la gente tiene miedo de rendirte sus vidas, Señor? Sé que algunos tienen miedo de que les pidas algo que no puedan soportar. ¿Es que no entienden que tú les fortalecerás durante cada tarea? ¿No se dan cuenta del gozo que se están perdiendo? Dios, rompe las barreras que obstaculizan tu trabajo.

Finanzas

La verdadera medida de nuestra riqueza es
cuánto valdríamos si lo perdiésemos todo.
J. H. JOWETT

Administrando el dinero

Es divertido Señor. Parece como si siempre
deseara tener más dinero, pero administrarlo
a veces puede ser doloroso. Organizarlo,
asegurarme de pagar mis facturas; a veces es
agotador. Por favor, da una mente lúcida y
sabiduría para manejar mis responsabilidades
financieras según tu voluntad.

Mi Padre rico

A veces veo que me preocupo por mi situación económica. Tengo la tendencia a olvidar que mi Padre es dueño del ganado en mil montes, y también de todo lo demás. Sé que tú cuidarás de mí. Aunque quizá no entienda del todo la riqueza en esta vida, tengo riquezas increíbles que me esperan. ¡Qué emocionante es eso!

Actitudes sanas

Señor, tan a menudo veo relaciones que se
desmoronan, y muchas de las veces es por
causa del dinero lo que empieza ese proceso.
Algunas personas son despreocupadas o
deshonestas en su gasto; otras simplemente
quieren demasiado. Como resultado hay
mucha amargura y rencor. Por favor,
ayúdame a tener una buena actitud
cuando haya dinero de por medio.

La pizca de la viuda

Últimamente ha habido veces en que ha sido un poco difícil diezmar. Nos cuesta pagar nuestras facturas, así que nos quedamos sin cosas. Lo peor, sin embargo, es pensar sobre el poco beneficio que aporta nuestra escasa contribución. Señor, he estado intentando acordarme de la pizca de la viuda, y eso ayuda. Permite que su ejemplo me proporcione valor.

Extras

Amado Dios, estoy muy agradecida de que hayas provisto para mí. A veces esa bendición incluso sobrepasa mis necesidades. Ahora te pido sabiduría para manejar esos dones. Mi deseo es glorificarte y asegurarme de que no me controle el dinero. Por favor, ayúdame a usarlo de una manera que te honre.

Perdón

El perdón tiene que ser aceptado, igual que ofrecido, para que se produzca.

C. S. LEWIS

Oportunidades de perdonar

Al haber crecido con irritables hermanos, tuve muchas oportunidades de practicar el perdón. Imagino que eso es bueno porque aún tengo oportunidades de perdonar. A veces no es fácil, pero se siente mucho mejor dejar el dolor que aferrarse al rencor. Gracias por darme estas ocasiones.

Cristo entiende

Señor, tú pasaste por cosas que yo nunca experimentaré, así que entiendes lo difícil que es perdonar. Aunque tú experimentaste el peor insulto, nunca me reprimes por pensar que el mal que me han hecho es insoportable, sino que me das fuerza para hacer lo necesario. ¿Cómo podré agradecértelo?

El perdón de una amiga

No lo puedo creer, Padre. Realmente me
equivoqué esta vez, y aun así mi amiga me
perdonó. A decir verdad, no esperaba que
quisiera volver a hablarme nunca, pero me
abrazó y me dijo que empezaríamos de nuevo.
¡Eso me hizo sentir muy bien! Gracias
por las amigas que perdonan.

Consecuencias naturales

Amado Señor, sé que me has perdonado
por ese terrible error. Cuando me arrepentí,
pensé que te harías cargo de algunas cosas,
pero estoy aprendiendo que las consecuencias
naturales aún duelen. Sé que no desaparecerán,
pero oro para que las uses de forma
positiva, quizá para evitar que otros
cometan el mismo error.

Setenta veces siete

Setenta veces siete. ¡Guau! Esa es una cantidad enorme de perdón, Señor. Mirándolo desde una perspectiva, parece escandaloso; pero desde el otro lado del espectro, espero que alguien lo hiciera por mí. Esa es una de las cosas más bonitas del perdón en la realidad humana: es "dar y recibir".

Amigas

La verdadera felicidad no consiste
en la multitud de amigos,
sino en su valor y elección.

SAMUEL JOHNSTON

Encontrando amigas

Padre, escoger amigas no siempre es fácil.
Quiero encontrar personas que compartan
mis valores y mi amor por ti. No parece que
haya una multitud de gente alrededor que se
interese por ti. Por favor, guíame a los
lugares donde pueda encontrar
compañías que te glorifiquen.

Señor, lleva a mi amiga

Mi amiga está dolida, amado Jesús. Ha tenido muchos problemas en su vida últimamente, y siente que está a punto de tocar fondo. He intentado estar ahí para ella, pero ahora mismo te necesita a ti de manera especial. Por favor, hazle saber que tú quieres llevarla a través de esta prueba. Ayúdala a confiar en ti.

Mi mejor amiga

Creo que mi mejor amiga se parece mucho
a ti, Señor. Me anima espiritualmente; está
ahí en los momentos buenos y en los malos, y
haría cualquier cosa por mí. ¿Cómo podría no
quererla? Las personas de su naturaleza son
como piedras preciosas. ¡Estoy bendecida
de tenerla en mi vida!

David y Jonatán

He estado leyendo sobre Jonatán y David, Padre. Qué par de amigos tan increíbles. La disponibilidad de Jonatán de tomar riesgos por David es increíble, especialmente considerando que sabía que David sería rey en lugar de él. Señor, esa es la clase de amiga que quiero ser.

Yugos desiguales

Imagino que siempre he querido conceder a la gente el beneficio de la duda, pero no siempre he sido lo suficientemente cuidadosa. He terminado acercándome demasiado a personas que hacen caso omiso de ti, y a veces su influencia sobre mí ha sido demasiado grande. Padre, por favor ayúdame a ser amigable pero a no intimar con los no creyentes.

Metas

Conozco el precio del éxito: dedicación, trabajo duro y una devoción continua a las cosas que quieres que ocurran.
FRANK LLOYD WRIGHT

Metas alcanzadas

A veces me desanimo un poco, Jesús. Me siento como si hubiera alcanzado todas las metas que me puse para mí y que ya no me queda nada por lograr que me aporte algo de emoción. Por favor, dame una nueva perspectiva. Dame sabiduría para ponerme nuevas metas, y ayúdame a darte la gloria cuando lo logre.

Listas de quehaceres

Realmente no creía que mis metas fueran inverosímiles. Mi lista de "quehaceres" sólo tenía tres tareas grandes, y apenas pude hacer dos. Me parece que he estado trabajado todo el día y que no he logrado nada. Me siento disgustada conmigo misma, pero mañana será otro día, Señor. Dame la actitud correcta ahora que vuelvo a comenzar.

Consultar a Cristo

Señor, a menudo en mi planificación diaria
me olvido de consultarte. Luego me pregunto
por qué las cosas no salen como pensé. Perdona
mi arrogante actitud. Sé que sólo encontraré
gozo en los logros si tú me guías durante
el día. Muéstrame cómo alinear
mis metas con tu voluntad.

Miradas en blanco

Hoy estoy luchando Jesús. Tengo una tarea
específica que tengo que hacer, pero necesito
claridad de mente. El proyecto lo tengo abierto
delante de mí, pero tengo la mirada en
blanco. Sé que quieres que trabaje en ello,
y necesito tu guía. Dame la capacidad
de pensar y terminar la tarea.

Gracias por las metas

Gracias por las metas, Señor. Aunque
requieren trabajo, me dan algo a lo que
avanzar. El esfuerzo que hago es excitante,
y el sentido de logro gratificante.
Me haces una persona más fuerte
sólo por darme trabajo que hacer.

Carácter Cristiano

La idea cristiana no se ha probado y ha resultado ser deficiente. Se ha visto que era difícil y no se ha probado.

G.K. CHESTERTON

La realidad golpea

Amado Dios, a veces el carácter cristiano suena demasiado fácil de conseguir cuando estoy sentada en la iglesia, escuchando hablar al pastor. En mi corazón sé lo que quiero; en mi mente creo que es posible. Convertir el ideal en una realidad es mucho más difícil. Necesito tu fuerza. Por favor, ayúdame a desarrollar un carácter cristiano.

Buenos ejemplos

He visto bastantes ejemplos de gente devota,
y estoy muy agradecida de que les hayas
permitido cruzarse en mi camino, Padre.
Realmente anima ver a otras personas que
están pareciéndose cada vez más a ti. Me ayuda
en mi propia búsqueda por imitar a Cristo.
Gracias por traer a esos individuos a mi vida.

Instrucciones especiales

Gracias por tu Palabra, Padre. Sin ella sería
una causa perdida intentar desarrollar un
carácter cristiano. Estoy muy contenta de que
hayas preservado estas palabras especiales que
me dan instrucción específica sobre cómo vivir.
Ayúdame a guardar estas escrituras en
mi corazón para que pueda confiar en
ellas a lo largo de mi vida.

Ser buena a propósito

Señor, recientemente me acordé de que el carácter cristiano no ocurre porque sí. Tengo que proponerme en mi corazón vivir una vida agradable a ti. Sólo entonces podré permanecer firme cuando la presión de los iguales amenace con destruirme. Quiero comprometerme diariamente a obedecerte.

Velad debidamente

Amado Dios, tú no has guardado silencio acerca de cómo esperas que yo viva. Me has mandado que sea como tú, y eso incluye vivir en justicia. Explícitamente has dicho: "Velad debidamente y no pequéis" (1 Corintios 15:34). No sé si el mensaje podría ser más claro. ¡Tengo que ser justa!

La Voluntad de Dios

Veo que hacer la voluntad de Dios no me deja tiempo para discutir sus planes.
GEORGE MACDONALD

El centro de la voluntad de Dios

Señor, sé que en el centro de tu voluntad hay paz, gozo y muchas otras ricas bendiciones. Me gustaría experimentar todas estas cosas, pero el problema que al parecer tengo es descubrir cuál es tu voluntad para mi vida. Por favor, ayúdame a estar atenta cuando hablas, y dame un corazón para ser usado por ti.

Detalles de la Palabra de Dios

A veces me frustro mucho, Señor. Te he preguntado qué es lo que quieres de mí pero parece que guardas silencio. Después me doy cuenta de que hay detalles en tu Palabra que debería estar haciendo automáticamente. No siempre he sido obediente a estas cosas, así que ¿cómo puedo esperar saber más? Perdóname, Padre. Quiero obedecer.

El cuadro general

Últimamente han ocurrido algunas cosas que sencillamente no entiendo, Señor. Sé que tú ves el cuadro general y que todo lo que ocurre es parte de tu plan, pero a veces necesito un recordatorio. Ayúdame a enfocarme en la promesa de que todas las cosas ayudan a bien a los que te aman.

La voluntad de Dios
para los seres queridos

He pasado mucho tiempo orando por tu
voluntad en mi vida, Señor, pero tengo muchos
seres queridos que también necesitan conocer
la obra que tú has hecho por ellos. Ayúdales
a estar abiertos a tu guía, y dame la gracia
para aceptar aquello a lo que les has llamado,
aunque no sea lo que yo tenía en mente.

Dios no lo impondrá

Tu deseo es que busquemos y hagamos tu voluntad, amado Dios, pero tú nunca nos forzarás a hacerla. Has puesto unos caminos únicos delante de nosotros, y es porque nos amas de forma especial. Ayúdanos a no envidiar tus planes para otros; que terminemos nuestra tarea con gozo.

Dolor

Si no tuviéramos invierno, la primavera no sería tan agradable; si de vez en cuando no sufriéramos adversidad, la prosperidad no sería tan bien recibida.

ANNE BRADSTREET

Un profundo dolor

Sé que tú entiendes el dolor mejor que nadie, Padre, pero ahora mismo me siento como si nadie hubiera pasado lo que estoy pasando yo. Mi dolor es muy profundo, mi sufrimiento muy intenso. Me parece que me he quedado sola; te necesito Dios. Mi alma clama por alivio. Por favor, sana mi roto corazón, y ayúdame a sonreír de nuevo.

Pérdida de una mascota

El perro de mi hijo murió esta mañana, Señor,
y él está muy triste. Algunos se ríen de sus
lágrimas, pero su dolor es muy real para él.
Yo le abrazo y le doy palabras de consuelo,
pero eso no le devuelve a su compañero de
juegos. Por favor, llena el vacío en su vida,
y consuélale como sólo tú sabes hacerlo.

El consuelo de Dios

Querido Jesús, mi hermana está muy dolida
por su hijo que te rechaza. Mi amiga está
perdiendo a su padre por una terrible
enfermedad. El matrimonio de mi vecina
se está tambaleando a pesar de sus mejores
esfuerzos por salvarlo. Necesitan tu consuelo.
Ellos, y muchos más como ellos.
Alivia sus dolores, Padre.

Libertad para dolerse

Es duro expresar el dolor en nuestra sociedad,
Jesús, pero estoy contenta porque tú no nos
rechazas cuando lo hacemos. Después de todo,
tú sufriste, y me mostraste cómo manejar quizá
una de las emociones humanas más hondas.
Gracias por dejarme acudir a ti cuando
estoy dolida. Gracias por tu amor.

Sí, Dios me ama

Me he estado concentrando tanto en mi dolor,
Señor, que me temo que mi perspectiva de ti
se ha combado. Me pregunto por qué permites
que ocurran cosas malas, y a veces incluso me
cuestiono si realmente me amas o no. Sé que
la verdad es que estás ahí conmigo, queriendo
que confíe y te ame más. Ayúdame a
mantener eso en perspectiva.

Felicidad

*No es cuánto tenemos, sino cuánto
disfrutamos, lo que nos hace felices.*
CHARLES SPURGEON

Esos tiempos felices

Muchas veces he oído a gente decir que los
cristianos pueden estar alegres sin ser felices,
y sé que es verdad. Pero aun así, saboreo esos
tiempos felices de la vida. Se siente bien reírse
tanto hasta llorar y sonreír al ver algo bonito.
Gracias por darme tiempos felices
para disfrutar, querido Jesús.

Cargas soportables

Señor, a veces cantamos una canción sobre ser
feliz porque tú llevaste todas nuestras cargas.
Imagino que realmente haces que las cargas
sean más soportables. Aun así, eso es algo
grande por lo que cantar, y trae felicidad.
Estoy muy contenta de que estés ahí
para aligerar la carga.

Bendiciones sencillas

Gracias por los muchos momentos felices que me has dado. A menudo son las pequeñas cosas de la vida: el primer petirrojo en la primavera, el primer tomate de mi huerto en la estación, incluso una brillante puesta de sol. Estas bendiciones sencillas provocan las más grandes sonrisas ¡y me hacen ser muy feliz!

Una mala felicidad

Estoy avergonzada, Señor, y necesito que me limpies. Alguien en la iglesia me ha estado haciendo la vida difícil desde hace algún tiempo. Acabo de descubrir que le ha ocurrido algo desafortunado, y me alegré. Intenté que no se me notara, pero estaba ahí, y no debería haber sido así. Por favor, no dejes que me alegre de los infortunios de otros.

La fuente de la felicidad

Estoy alegre de que no se necesite el dinero
para obtener la verdadera felicidad, o de
lo contrario no conseguiría mucha. Tú
suples mis necesidades sobradamente, pero
la felicidad que tengo cuando estoy con la
familia o sencillamente relajándome con un
buen libro en una tarde libre, es más que
suficiente. La verdadera felicidad realmente
no se puede comprar, ¿o acaso sí Jesús?
Sólo proviene de ti.

Salud

Si tomar vitaminas no le hace estar lo suficientemente sano, pruebe a reírse más: el día más desperdiciado es aquel en que no nos hemos reído.

Nicolas-Sebastian Chamfort

¿Qué es lo correcto?

A veces me siento muy confundida, Señor. Intento comer bien, hacer el ejercicio adecuado y descansar mucho, pero todos los "expertos" dicen cosas distintas sobre lo que debería hacer. Es importante ser una buena administradora del cuerpo que me has dado, así que, por favor, ayúdame a cuidarme de la forma correcta.

Disfrutar de una buena salud

Gracias Padre, por darme buena salud, porque hay muchos que no disfrutan de esta bendición. A veces me siento tentada a quejarme de los dolores y achaques que todos afrontamos de vez en cuando, pero realmente no tengo razón para ello. Tú has sido bueno conmigo.

Gracia suficiente

Últimamente he estado afrontando una dificultad física, y parece que cada vez es peor. He orado, amado Dios. Oh, cómo he orado. A veces siento que estás muy lejos de mí, pero sé que estás aquí mismo a mi lado ofreciéndome tu gracia suficiente y tu fuerza. Ayúdame a aceptar esto como tu respuesta.

Hijos enfermos

Amado Señor, todos mis niños están enfermos,
y yo estoy que no puedo más. No entienden por
qué se sienten tan mal, y lo único que puedo
hacer es abrazarles y decirles que les amo, pero
a veces me pregunto si es suficiente. Te pido
que les sanes. Por favor ayúdame a
ser la madre que ellos necesitan.

Cristo todavía sana

Tú trajiste sanidad a muchas personas en
la Biblia Jesús. Esos fueron momentos
emocionantes para esos individuos, y sigue
siendo un milagro espectacular cuando sanas
hoy a alguien. Gracias por las muchas veces
en que has tocado mi cuerpo enfermo o has
aliviado a mis seres queridos. Tu toque
de amor produce un gran gozo.

Hogar

Aunque vaguemos en medio de placeres
y palacios, que siempre sea tan humilde,
que no haya un lugar como casa.

JOHN HOWARD PAYNE

Lleno de amor

Señor, permite que mi hogar sea un lugar
reconfortante para mi familia y mis amigos.
Que sea un lugar donde puedan escapar
momentáneamente de las presiones de este
mundo. Ayúdame a hacer mi mejor esfuerzo
para hacer que sea un lugar donde la
gente sepa que son amados por mí,
y más importante aún, por ti.

Donde está el corazón

He oído decir que el hogar es donde está el corazón, y supongo que tiene mucho sentido. Mi hogar es un lugar muy especial, y parece que a menudo cuando estoy en otro sitio, anhelo volver a estar en ese lugar, rodeado de lo que es cómodo y familiar. Gracias por la oportunidad de volver a casa.

Bienvenido a mi hogar

¿Te sientes a gusto en mi hogar, Padre?
¿Estás contento de estar ahí, o te avergüenzas
de llamarme tu hija? Quiero que seas más
importante en nuestra vida diaria que ninguna
otra cosa, y quiero abrir nuestro hogar para
que tú lo uses como quieras.

El verdadero yo

No es que quiera tener una doble cara, Señor,
sino que creo que estoy más cómoda en casa.
No me preocupo tanto de lo que digo, y a
menudo mis debilidades parecen exageradas
porque no siempre estoy en guardia. Así es
como termino dañando a los que más amo.
Padre, por favor permite que "el verdadero yo"
sea como Cristo en casa, y fuera de ella.

Tiempo en familia

Gracias por mi hogar, querido Jesús.
Me encanta estar aquí. No puedo explicar
el gozo que me produce estar rodeado de los
que amo. Ya sea que nuestro hogar esté lleno
de risa durante un juego familiar o envuelto
en una contemplación silenciosa durante
los devocionales familiares, puedo sentir tu
presencia y me siento animada.

Humildad

Dios creó el mundo de la nada,
y mientras sigamos siendo nada,
Él puede hacer algo de nosotros.
MARTIN LUTHER

Humildad artificial

Por naturaleza somos muy orgullosos, Jesús.
La humildad ciertamente no se consigue
fácilmente, pero tú eres humilde, y eres el
ejemplo a seguir independientemente de lo que
venga fácilmente. Enséñame a ser más
como tú. Enséñame a ser un siervo.

Ser como Jesús

Padre, me sorprendió ver una señora muy atractiva, bien vestida, dejar su camino para ayudar a un individuo de una descripción completamente opuesta. La suciedad y el olor no parecieron incomodarla, y su sincero abrazo iluminó el rostro de la otra persona. Pensé cómo esa señora se parecía a ti; cómo quiero ser como tú.

Entre bastidores

Hay muchas personas que anhelan esas posiciones de prominencia, y no hay nada malo en eso; pero quiero darte gracias por esas personas que alegremente están dispuestas a realizar las tareas más discretas. Sus humildes contribuciones ayudan a que las cosas vayan más suaves, y así es como quiero ser: dispuesta a hacer lo que se necesite hacer.

Lecciones humillantes

Se presentó una oportunidad de ascenso en el
trabajo, y sentí que yo cumplía los requisitos.
Estaba segura de que obtendría el trabajo,
pero contrataron a alguien de fuera. ¡Fue
doloroso! Imagino que si hubiera aprendido
a ser humilde desde el principio, quizá
no me hubiera dolido tanto. Permíteme
aprender de esto, Jesús.

Argumentos resolutivos

Escuché sin querer una discusión y fui testigo de una muestra de verdadera humildad, Señor. Un individuo tenía una queja legítima; sin embargo se alejó de la otra persona sólo para resolver el conflicto. Obviamente no tenía miedo de la otra persona, sino que tan sólo quería conservar la amistad. Así es como quieres que reaccionemos, ¿verdad?

Gozo

El gozo del Señor nos armará contra los asaltos de nuestros enemigos espirituales y hará que no nos gusten esos placeres con los que el carácter muerde su cebo.

MATTHEW HENRY

Una nueva canción

Desde que viniste a mi vida, amado Jesús, estoy llena de un gozo fascinante. Me has dado una nueva canción, y me veo cantándola en los momentos menos comunes. A veces recibo miradas inquisitivas, pero me da la oportunidad de compartir con otros lo que has hecho en mi vida. Oro para que ellos también busquen tu gozo.

Canciones de gozo

Me encanta escuchar a los niños cantar canciones sobre el gozo. Son canciones muy positivas, y me dan ganas de unirme a ellos. ¿Y por qué no? Estoy segura de que te agradaría oír a los adultos cantar a pleno pulmón esos versículos de la escuela dominical tan alegres con tanta convicción como los pequeños. Después de todo, tú nos has dado nuestro gozo.

Gozo

Jesús-otros-tú. Qué sencilla y a la vez profunda
definición de gozo. Y estoy empezando a ver
lo mucho que esto realmente funciona.
Imagino que es porque cuando tú eres lo
primero en mi vida, todo lo demás se prioriza
adecuadamente. Aunque poner a los demás
delante de mí no es siempre fácil, me hace
sentir muy bien cuando lo hago.

Conocimiento gozoso

Aunque el mundo no piense que mis
circunstancias siempre me garantizan una
canción, me gozo en el conocimiento de lo que
me queda por delante. Tengo una esperanza
perfecta de una eternidad contigo. Tengo gozo
al creer que tú estás conmigo en cada paso
del camino. Tú has puesto una sonrisa
en mi corazón. Gracias Señor.

Noticias de gozo

Tú llevaste gozo a Abraham y Sara cuando les
dijiste que tendrían un hijo. De forma similar,
María se regocijó, y las muchas veces en que
dijiste: "tu fe te ha salvado", sacaste sonrisas.
Tu Palabra todavía tiene ese efecto hoy.
¡Gracias por darnos gozo!

Retos de la Vida

Muchos hombres le deben la grandeza de sus vidas a sus tremendas dificultades.
CHARLES H. SPURGEON

Un nuevo reto cada día

Oh, cómo disfruto un buen reto Señor; ¡y cada día es un nuevo reto! Gracias por estas oportunidades, por cada emocionante aventura. Mi deseo es que pueda afrontar cada tarea de una manera correcta y que pueda honrarte con todo lo que digo y hago.

Gozo en el reto

Padre, pensaba que los retos eran para ser una motivación positiva, pero cuando me desperté esta mañana, me temo que mi punto de vista no era muy optimista. Lo único en que podía pensar era en los miles de trabajos rutinarios que tenía que hacer. Perdóname. Ayúdame a aceptar cada reto con gozo.

Santa paciencia

Tengo que admitir que uno de los mayores
retos que afronto cada día es mi necesidad de
paciencia. Soy probada regularmente en este
asunto, y demasiadas veces fracaso Señor.
Sé que no ganaré esta batalla de la noche
a la mañana, pero con tu ayuda,
trabajaré diariamente para alcanzar
una santa paciencia.

Una definición

El reto de la vida, ¿cómo podría describirlo?
Podría decir que es mi mejor plan sazonado
con interrupciones, herramientas rotas, falta
de sueño, y la necesidad de terminar una
tarea en una cantidad de tiempo establecida
independientemente de las circunstancias.
Suena difícil, y a menudo así se percibe,
¡pero con tu ayuda puedo soportarlo!

El ejemplo de Josué

Josué afrontó un duro desafío, ¿verdad Señor?
Tuvo que llevar a un grupo bastante difícil
de gente a través de un río grande a pleno
caudal, y eso era simplemente el comienzo.
Pero él no se estremeció, sino que confió
en que tus promesas estarían con él, y yo
también puedo. Gracias por recordarme el
ejemplo de Josué justamente cuando
más lo necesitaba.

Soledad

*Un Dios infinito puede darse del todo a
cada uno de sus hijos. Él no se reparte para
que todos puedan tener una parte, sino que
se da a cada uno del todo, tanto
como si no hubiera otros.*

A.W. Tozer

Lunes festivos

Me solían encantar los lunes festivos, Señor.
Los fines de semana largos, los picnics, y la
diversión familiar; tengo gratos recuerdos. Pero
ahora es diferente. Vivo demasiado lejos para ir
a casa. Mis amigas están con sus familias, y no
quiero interrumpirles. Pero me siento sola. Por
favor aplaca este vacío, y ayúdame a ayudar a
otros que estén en situaciones similares.

La soledad de Cristo

Señor, qué solo debiste de haberte sentido en el huerto cuando los discípulos se durmieron. Y cuando Dios te dio la espalda mientras estabas en la cruz, ¿habrá algo que se pueda comparar con lo que tú sentiste? Sin embargo, estuviste dispuesto a hacerlo. Tú entiendes cuando estoy sola, y gracias por estar ahí durante esos momentos.

Un mundo solitario

A veces puede ser un mundo solitario,
especialmente cuando la gente no entiende
por qué escojo servirte. Imagino que me hace
sentir nostalgia del cielo. Anhelo estar contigo
para siempre ¡y pasar tiempo con otros
que te están alabando también!

Acercarnos

Amado Dios, estaba notando toda la gente a mi alrededor que podría necesitar una amiga. Por alguna razón, están solos y heridos. Necesito acercarme a ellos. Te pido que me des oportunidades e ideas para demostrarles que me preocupan. Permíteme que haga el mundo un poquito más amigable para ellos.

La solución acertada

Padre, una amiga mía se ha cansado de ser la única "soltera" entre nosotras. Intentamos aplacar su soledad, pero ella sentía que el matrimonio era la única respuesta. Cedió ante el primer chico que le mostró interés y ahora es incluso peor. Por favor dale fuerzas, y ayuda a otras a aprender de su error.

Amor

La mejor porción de la vida de un buen hombre, sus pequeños, anónimos y olvidados actos de bondad y de amor.

WILLIAM WORDSWORTH

Verdadero amor

Amor; ¡qué bonita palabra! Sin embargo, muchas personas son muy cínicas con ella, amado Jesús. Imagino que es porque hay mucho afecto artificial en este mundo, pero me gustaría que la gente viera el verdadero amor —tu amor— en mi vida. Por favor, dame la capacidad de amar como tú.

Amar a Dios

Digo que te amo Padre, aunque no estoy
segura si es tan profundo como debería.
Realmente yo quisiera, quisiera estar tan
enamorada de ti que se notara en cada aspecto
de mi vida. Ayúdame a desarrollar la
intimidad contigo que debería tener.

Te amo

Hoy mi pequeña dirigió su rostro angelical
hacia mí y me dijo de forma tan sincera:
"Te amo". No lo entiende totalmente,
pero lo da a entender hasta donde alcanza
su conocimiento. Sólo el hecho de oír estas
preciosas palabras en su dulce vocecita
me alumbró el día, y te doy gracias
por esa bendición.

Amor y temor

Mirándolo desde una perspectiva humana,
no parece que el amor y el temor estén
remotamente conectados. Sin embargo, se nos
amonesta muchas veces a amarte y temerte.
Es un poco difícil de comprender, pero cuando
realmente consideramos quién eres y lo
que has hecho por nosotros, ¿cómo
podemos no temerte ni amarte?

Sin excusas

Quiero decir: "tú no sabes cómo es esa persona. ¡Es imposible de amar!" Pero me dijiste que amara a mis enemigos. Me mostraste cómo hacerlo muriendo por mí incluso cuando mi vida era detestable por el pecado. Era horrorosa, antipática, pero aun así tú te interesaste. No tengo excusa para no amar a mis enemigos.

Misiones

*La historia de las misiones es
la historia de la oración contestada.*
SAMUEL ZWERNER

Provision para las misiones

En tu Palabra, nos has mandado llevar el
evangelio a todas las naciones. También
dijiste que, cuando somos obedientes, tú
suples nuestras necesidades. Por favor, suple
las necesidades de nuestros misioneros,
Señor. Provee lo que necesiten física y
espiritualmente, y permite que muchas
almas sean salvas como resultado de ello.

Misiones mundiales y yo

Padre, creo que el campo misionero que tienes
para mí lo tengo en mi propia casa, pero sé
que quieres que me involucre en las misiones
mundiales también. Ayúdame a orar fielmente
por nuestros misioneros. Dame sabiduría
para saber cómo quieres que les apoye
económicamente y muéstrame cualquier otra
forma en la que poder ser de ayuda.

En peligro

Amado Dios, hay tantos misioneros en peligro. Se enfrentan a amenazas terroristas, condiciones de vida insalubres e incluso a animales peligrosos o enfermedades que no puedo si quiera imaginar. Por favor protégeles, Padre. Están dispuestos a correr esos riesgos para que otros puedan conocer tu amor. Guárdales bajo tus alas de protección.

Entrando ahora en el campo misionero

Hay un letrero sobre la puerta de mi iglesia
que dice: "Ahora estás entrando en el campo
misionero". Lo llamaste cosecha Señor,
y quieres que haga mi parte recogiendo.
Llévame a las almas que están preparadas
para el evangelio. Permíteme estar alerta a las
oportunidades de testificar de ti.

Los que se quedan atrás

Padre, me gustaría tomar un momento para
orar por los familiares de los misioneros.
A menudo olvidamos que cuando tus siervos
obedientes llevan el evangelio a otros lugares,
dejan a sus familiares atrás. La separación
puede ser difícil. Aplaca su soledad.
Bendice a cada miembro de la
familia de una forma especial.

Modestía

La modestia es al mérito, lo que la sombra es a las figuras en un cuadro; le da fuerza y hace que resalte.

JEAN DE LA BRUYERE

Un mundo indecoroso

Tu Palabra demanda claramente modestia a tus hijos, Dios, pero para ser honesta, es difícil en este mundo. Es difícil incluso encontrar ropa que se ajuste a tu definición de modestia, y las actitudes de la gente son incluso más indecentes. Necesito tu fuerza para obedecer incluso cuando no es fácil.

Ejemplo modesto

Muchas personas piensan que la modestia
es sólo cuestión de vestir, pero tú me has
mostrado que es mucho más. Es una actitud
parecida a la humildad, y es lo que quieres
de mí. Incluso en esto tú me pusiste el
ejemplo, Jesús. Ayúdame a seguir
el patrón que me has dado.

Mi mansión celestial

En esta sociedad de "consigue más" parece que lo que se espera es tener una casa enorme. Llamar a la casa de alguien "modesta" es casi despectivo, y eso es vergonzoso. Ayúdame a no envidiar a los que tienen más. Mi hogar suple mis necesidades y me da algo a lo que mirar mientras espero mi mansión celestial.

Gloria a Dios

Imagino que a todas nos gusta recibir alabanza de vez en cuando, y de forma moderada probablemente sea bueno para nosotras. Pero Padre, dame un corazón modesto para el honor cuando éste venga. No permitas que me llene de orgullo. Quiero darte a ti la gloria, porque sin ti no soy nada.

No te pavonees de tus cosas

Me has permitido sobresalir en algunas cosas,
amado Dios, y estoy contenta de ser útil
para ti. Pero ha habido veces en que me he
avergonzado un poco porque otros quieren
que haga alarde de mis logros. Sé que a veces
compartir lo que he hecho beneficiará a otros,
pero ayúdame a distinguir entre
utilidad y fanfarronear.

Vecinos

La oración intercesora podría definirse
como amar a nuestro vecino de rodillas.
CHARLES BRENT

Las personas de al lado

Yo no tuve muchos vecinos de pequeña, y he oído muchas historias horribles de los vecinos en general. Cuando me cambié a mi propia casa, estaba algo más que recelosa de mis vecinos de al lado. No me llevó mucho tiempo darme cuenta de que eran una bendición. Sólo oro para que sea una buena vecina a cambio.

Ese importante primer paso

Señor, mis vecinos son las personas más rudas
e inconsideradas que he conocido. Es difícil
no quejarse de ellos, pero no tengo el derecho
de hacerlo. No son cristianos, y nunca les he
dado testimonio. ¿Por qué se tendrían que
comportar de forma diferente? Perdóname,
Padre. Les llevaré tu Palabra. Por favor,
abre sus corazones.

¿Quién es mi prójimo?

Un joven te preguntó quién era su prójimo, y tú le contaste la historia del buen samaritano. Siempre he admirado al samaritano, pero a veces me veo que soy más como el sacerdote o el levita, buscando razones para no ayudar a otros. ¡Cómo debe de dolerte esto! Límpiame, Señor. Moldéame como un buen prójimo.

Cristianos de entre semana

Se le da mucha importancia al hecho de asegurarnos de ser piadosos, no sólo los domingos sino durante toda la semana. Después de todo, es principalmente cuando nuestros vecinos nos ven. Estoy muy agradecida por los buenos vecinos que viven su fe todos los días Señor. Su influencia sobre mí es grande.

Influencia vecinal

Estoy un poco preocupada por el efecto que algunos de mis vecinos puedan tener sobre mis hijos Señor. He intentado criarlos conforme a tu Palabra, pero la presión de los iguales es muy fuerte. Por favor, ayúdales a ser fieles y a permanecer en el camino correcto.

Nuestro País y Líderes

La providencia les ha dado a nuestras gentes la elección de sus gobernantes, y es la tarea, al igual que el privilegio e interés de nuestra nación cristiana seleccionar y preferir que sus gobernantes sean cristianos.

JOHN JAY

Nuestra libertad

Se me saltan las lágrimas al oír una cación patriótica, y me deja sin habla ver cómo honran a los veteranos. Sé que es por los sacrificios que otros hicieron que yo ahora tengo libertad para adorarte cuando quiera. Gracias por mi país. Que nunca dé por hecho estas libertades.

Una nación bajo Dios

Amado Dios, estoy muy cansada de las discusiones en nuestra nación. Me molesta ver a gente intentando quitarte de las escuelas, las cortes y cualquier otro lugar que se les ocurra. Ellos distorsionan la Historia y niegan que esta nación fue fundada contigo como el líder. Sánanos, Señor. ¡Ayúdanos a volver a ti!

Líderes justos

Tú has dicho que los líderes justos provocan
el gozo entre la gente, y nos has dado la
oportunidad de escoger a nuestros líderes. Con
este privilegio, nos has dado la responsabilidad
de elegir buenas personas. Padre, danos
sabiduría para reconocer a esas personas
y ponerlas en el gobierno.

La justicia engrandece a la nación

Me encantan los Proverbios, Señor, y uno de mis favoritos dice: "La justicia engrandece a la nación" (Proverbios 14:34). Durante muchos años nuestro país ha sido poderoso entre las naciones, y es porque tú eras parte de la vida de la gente. Sin embargo, hemos comenzado a abandonarte. Por favor, perdónanos y restáuranos a una justa relación contigo.

En nombre de nuestros soldados

Hay un grupo muy especial de americanos a quien me gustaría traer delante de ti, Padre. Son nuestros militares. Muchos de ellos están en peligro hoy día, Señor. Necesitan tu protección de una manera que no puedo si quiera comprender. Por favor, pon un vallado a su alrededor. Tráelos de regreso a casa sanos y salvos.

Paz

Muchas personas están intentando
crear la paz, pero eso ya ha sido hecho.
Dios no nos lo ha dejado a nosotros
para que lo hagamos; lo único que
tenemos que hacer es entrar en ella.
D. L. MOODY

Dulce paz

Gracias, Señor, por esta oportunidad de
disfrutar de la paz que ofreces. Mientras
estoy aquí sentada en el bosque, escuchando
el riachuelo correr entre las piedras, me hace
pensar en cómo tu presencia en mi vida
me relaja incluso en medio del caos.
¡Estoy contenta de tener tu paz!

El regalo de la paz

Padre, mirando a mi alrededor veo mucho alboroto. Mi corazón se rompe cuando veo las pruebas que la gente intenta afrontar sin tenerte en sus vidas. No se dan cuenta de la perfecta paz que quieres darles, y muchos no quieren ni oír de eso. Habla a sus corazones. Ayúdales a aceptar tu regalo.

Un descanso tranquilo

¡Qué hermoso ver a un niño dormir!
Con su brazo abrazando tiernamente su
osito de peluche y el dedo en la boca,
personifica la tranquilidad. Cuando le veo,
pienso que has prometido darles un
descanso tranquilo a los que cuidas.
¡Oh, cómo te doy las gracias por ello!

Barcos de recipientes de mantequilla

La semana pasada fue bastante agitada, querido Jesús, pero me acordé de que no te habías olvidado de mí. Mi hija llegó a casa con un recipiente de mantequilla vacío que había sido convertido en un barco. Estaba acompañado de un dibujo de ti calmando la tormenta. En la parte de arriba estaba escrito de modo llamativo: "Calla, enmudece".

En paz con los demás

Hay muchas personas con quienes
debo llevarme bien. Venimos de una gran
variedad de trasfondos y no siempre estamos
de acuerdo en todo. Sin embargo, he
descubierto que el desacuerdo pacífico mejora
las relaciones, así que ayúdame a hacer mi
parte para vivir en paz con los demás.

Oraciones de Alabanza

Alabad a Dios, de quien fluyen todas las bendiciones; Alabadle, todas las criaturas de la tierra; Alabadle en las alturas, huestes celestiales; Alabad al Padre, Hijo y Espíritu Santo.

THOMAS KEN, "DOXOLOGÍA"

Arco iris en la tarde

Cuando vi por primera vez ese arco iris, sentí mucha ilusión. Cuando realmente me detuve para ver su brillo, me quedé impresionada. Sólo tú podrías haber pintado algo tan glorioso sobre la expansión de los cielos por la tarde. Gracias por la belleza de tus promesas.

Toda la creación habla

Hemos viajado por varios estados recientemente
y hemos visto muchas vistas pintorescas.
Campos dorados, montañas moradas, lagos
centelleantes...¿Cómo puede alguien creer que
algo tan sorprendente se haya creado solo?
Tu increíble creación dice la verdad, ¡y a
ti te pertenece toda la gloria!

Gracia inigualable

La canción habla de alabarte por tu gracia inigualable, ¿y cómo podría pasar un sólo día sin hacerlo? No entiendo por qué me amas y me perdonas, pero deseo ofrecerte mi más sincero agradecimiento por estos generosos regalos. ¡Eres un Salvador maravilloso!

Para cada nuevo día

Cada día trae algo diferente por lo que te
puedo alabar, ¡querido Dios! Para empezar,
tenemos la promesa de un nuevo comienzo,
una nueva oportunidad de servirte. A lo largo
del día muestras tu majestad de multitud de
formas. ¡Eres un Dios increíble!

Sacrificio de alabanza

Señor, que la vida que vivo sea un continuo
sacrificio de alabanza para ti. Tú, que has
hecho tanto por mí, sólo me pides que te
entregue mi vida totalmente. ¿Cómo puedo
rehusar hacerlo? Permite que lo que otros vean
en mí les haga glorificarte también.

Oraciones de Agradecimiento

Lo mejor de todo es preservarlo todo en un corazón puro y tranquilo, y que haya con cada pulso un agradecimiento, y por cada respiración una canción.

KONRAD VON GESNER

Nuevas misericordias

Realmente no quería levantarme esta mañana Padre. Mis mantas parecían una buena protección contra las preocupaciones del día. Pero cuando vi el glorioso amanecer y oí el alegre cantar de los pájaros, me acordé de que tus misericordias son nuevas cada mañana. Sabía que todo iba a estar bien. Gracias por tu fidelidad.

Dios está en control

Gracias Señor, porque tienes un plan perfecto
para mi vida. Sé que no siempre lo entiendo,
pero tú sabes lo que es mejor, y todo lo
que ocurre es por una razón: que tú seas
glorificado. Estoy muy contenta de que estés en
control y que no tenga que preocuparme.

Lluvias veraniegas

¡Esa lluvia refrescante! Oh, cómo lo necesitábamos. Los campos estaban cuarteados y los ríos secándose. Justo cuando pensamos que no podríamos resistir más el calor, tú enviaste lluvia que refresca y limpia. Ahora el jardín está creciendo, los riachuelos fluyendo ¡y nuestros corazones te dan las gracias!

Den gracias al Señor

Padre, estaba trabajando en una serie
de lecciones para los niños de la escuela
dominical, y me sentí guiada a concentrarme
en el versículo que dice: "Alabad al Señor"
(Salmo 136:1). Me di cuenta de cuántas cosas
tenemos por las que darte gracias y cuántas
lecciones en tu Palabra lo respaldan. ¡Sin duda
eres digno de nuestro agradecimiento!

Gracias por las luciérnagas

Estoy convencida, Padre, que una razón por la que nos das a los niños es para enseñarles lecciones importantes. No hace mucho tiempo que oí a un niñito dándote gracias por muchas cosas. "Y gracias por las luciérnagas", dijo. Qué sencillo recordatorio de que no hay nada demasiado insignificante por lo que darte gracias.

Pureza

*El nombre de Jesús... suscitó emociones
similares en los corazones de todos
los convertidos, y puso a funcionar
inmediatamente cada sentimiento de belleza
moral, y cada deseo de sumisa obediencia,
lo cual constituye la pureza cristiana.*

JOHN STRACHAN

Piensa en cosas puras

No quedan demasiadas cosas en la sociedad de
hoy que fomenten la pureza, pero tu Palabra
ciertamente demuestra la importancia de
enfocar nuestra atención en las cosas que son
puras. Por experiencia propia, he aprendido
que la vida es más gratificante cuando está
dirigida hacia agradarte a ti en vez de a
la carne, y te doy gracias por
estas lecciones.

Nieve invernal

Qué ilustración tan bonita de la pureza
nos has dado en un manto de nieve fresca
y recién caída. Es el tipo de pureza que quiero
para mi vida, y es la limpieza que sólo
Tú puedes dar. Estoy muy agradecida por tu
sangre salvadora que lavó mi vida
dejándola blanca como la nieve.

Llamas limpiadoras

Tú querías usarme, Padre, pero sabías que
había áreas en mi corazón que primero había
que limpiar. Sabías que la única manera de
lograrlo sería enviar llamas purificadoras.
Las llamas de la prueba a veces eran dolorosas,
pero estoy contenta de que las enviaras.
Me siento bien de que me hayas
lavado y sea digna de servirte.

Verdadera pureza

Padre, por favor muéstrame si la vida que vivo
es verdaderamente pura ante tus ojos. En mi
orgullo, temo subirme a una altura mayor de
la que debo cuando se trata de la limpieza.
Pero quiero verme a través de tus ojos.
Quiero alcanzar tus estándares. Por
favor, purifica mi actitud, Señor.

Limpia mis labios

Tú tenías un trabajo para Moisés, pero dijo que no podía hablar. Isaías, por el contrario, estuvo dispuesto. Tú simplemente tuviste que limpiar sus labios para que las palabras que le diste salieran con pureza. Tú también me has dado un mensaje para compartir, y mi oración es que toques mi boca con tu carbón.

Relaciones

La mejor relación es aquella en la que tu amor por el otro es más grande que tu necesidad del otro.

<small>DESCONOCIDO</small>

Gente en mi vida

Sé que tú has traído a personas a mi vida por diferentes razones, pero tengo que admitir que a veces me gustaría irme a mi propia isla con mi perro. Es difícil complacer a la gente, y es fácil hacerles enojar. Ninguna situación es agradable para mí. Señor, por favor ayúdame a poner lo mejor de mí en cada relación.

La mejor relacion

Amado Jesús, he conocido a mucha gente en mi vida. He disfrutado de muchas buenas relaciones y he intentado evitar las malas. Sin embargo, una cosa es cierta. Mi relación contigo es la más importante. Estoy muy contenta de que tengas tiempo para mí y que quieras que tenga comunión contigo.

No podía pedir un amigo mejor.

Relaciones dañinas

Señor, generalmente pienso en las relaciones
como algo entre personas, y no recuerdo
que mi relación con las cosas puede afectar
seriamente cómo reacciono con la gente.
Por ejemplo, a veces me meto tanto en un
programa de televisión que no le doy a mi
familia la atención que necesitan. Perdóname
Padre. Ocúpate de mis relaciones.

Buenas relaciones

Gracias Señor, por darme una buena relación con mi marido y mis hijos. Muchas personas luchan con hogares infelices, y es sólo tu gracia lo que me protege de ello. Te pido que mantengas tu mano sobre nuestro hogar y también que les des a otros vidas felices.

Consejo experto

Me sorprende la sabiduría que el rey Salomón
le extendió a su hijo en los Proverbios, Señor.
Imagino que tendría un conocimiento experto
sobre el tema de las relaciones por haber
tenido tantas. Estoy contenta de que hable
tanto sobre las buenas como sobre las malas.
Me anima a escoger buenas compañías.

Descanso

Descanso no es vaguería, y tumbarse a veces en la hierba bajo los árboles en un día de verano, escuchando el murmullo del agua o viendo las nubes flotar por el cielo, no es de ningún modo una pérdida de tiempo.

JOHN LUBBOCK

Encontrar tiempo para descansar

Se me hace difícil siquiera sentarme a comer, Padre. Descansar parece una idea un tanto descabellada. Sé que quieres que encuentre tiempo para descansar pero constantemente ando de aquí para allá, y aun así no consigo terminar todo lo que tengo que hacer. Por favor, ayúdame Señor, a hacer del descanso una prioridad.

Descanso en la mecedora del porche

En mi mente, descansar normalmente se
traduce en dormir, pero al estar sentada aquí
en la mecedora del porche, balanceándome
lentamente, y no pensando en nada en
particular, veo que el relax se puede obtener
de muchas formas. Me siento bendecida de
que el descanso sea parte de tu plan.

Equilibrar el trabajo y el descanso

Tuve que soltar una risita al leer el
versículo que dice: "No des sueño a tus ojos"
(Proverbios 6:4). ¡Creo que no me cuesta
mucho trabajo obedecer eso! Me cuesta más
lo de "Venid... aparte... y descansad un poco"
(Marcos 6:31). Sin embargo, creo que estoy
entendiendo el cuadro. Por favor, ayúdame a
aprender a equilibrar el trabajo y el descanso.

Un día de descanso

Tú estableciste un día de descanso después de
terminar la creación, Dios. Aunque esperas
que pasemos tiempo contigo diariamente,
sabías lo mucho que necesitaríamos un día
para dejar a un lado las actividades normales,
para tener comunión con otros creyentes,
y para centrarnos principalmente en ti.
Ayúdame a no dar nunca por sentado
este día de descanso.

Entrando en el descanso de Dios

Querido Jesús, en este mundo nunca experimentaremos el verdadero descanso, pero tú has ofrecido este tentador refresco a todos los que entren en él. Y aun así, muchos rechazan este reposo que ofreces. Es un rechazo que no puedo llegar a entender, Señor. Muéstrales lo que se están perdiendo. Llévales a tu descanso hoy.

Salvación

*Ningún hombre puede perderse los
beneficios de la salvación de Cristo, salvo a
través de una desgana por tenerlos.*

WILLIAM LAW

La salvación más grande

La salvación es algo que todos deseamos
de una manera o de otra, Padre, y la
salvación que has provisto sobrepasa con
mucho cualquier cosa que se le presente a
la humanidad. Tú me has rescatado de las
profundidades del pecado y me has dado
nueva vida en Cristo, ¡y siempre te alabaré!

Salvación de los seres queridos

Hay muchas personas en mi familia que no han aceptado tu don de salvación, querido Jesús. Mi oración más sincera por cada uno de ellos es que confíen en ti. Atrae a cada uno de ellos hacia tu abrazo. Oro para que cada uno te reciba como su Salvador.

Que los niños vengan

Tú dijiste que para aceptarte se requiere la fe como la de un niño, querido Jesús. Sin embargo, vez tras vez fallamos en tomarnos en serio a los pequeños. Pensamos que son demasiado pequeños para entender, pero tú dijiste que les dejásemos venir. Danos sabiduría cuando tratemos con los más pequeños, y ayúdanos a animarles a aceptarte también.

Estad quietos, y contemplad la salvación del Señor

Somos unos sujetos frenéticos, amado Dios,
pero cuando conseguimos hacerlo todo, tú
dices: "estad quietos". Ofreces la salvación
completa pero sólo cuando tomamos el tiempo
para ver de dónde viene nuestra salvación.
Ayúdanos a frenar y a presenciar el
mayor de los milagros.

¿Suficientemente bueno?

Cuando esté delante del gran trono blanco,
¿no será suficiente el que haya sido una buena
persona? ¿No importará que fuera a la iglesia
y diezmara? Incluso enseñé en la escuela
dominical. ¿Realmente dirás: "Apartaos de
mí" (Mateo 25:41)? ¿Es eso lo que quiere
decir tu Palabra cuando dice: "nos salvó,
no por obras de justicia... sino por
su misericordia (Tito 3:5)?

Autoestima

*Nada aporta más beneficio que la
autoestima cimentada sobre lo
que es justo y recto.*
JOHN MILTON

A semejanza de Cristo

Hay una línea muy fina entre la autoestima
y la arrogancia. A veces me cuesta distinguir
entre las dos. Padre, tú me creaste a tu imagen,
y estoy agradecida por ello, pero necesito
recordar que no soy perfecta. Ayúdame a
no ser orgullosa sino a luchar cada
día por ser más como tú.

Levantar la autoestima

Recuerdo cuando era pequeña lo embarazoso que era que se rieran de mi horrible colección de ropa. Y me dolía cuando "las mayores" se metían conmigo, pero tú también trajiste gente a mi vida que me levantó y animó. ¡Qué bendición fueron! Señor, permíteme levantar la autoestima de otra persona.

Afectando a otros

Últimamente me he sentido un poco
desanimada, Padre. No estoy cumpliendo las
expectativas que tengo de mí misma, y he
estado arrastrándome. Desgraciadamente,
mi falta de autoestima está afectando
también a otros. No quiero que suceda eso,
sino darte mis frustraciones y dejar
que obres por medio de mí.

Especial para el Padre

¿Cómo puedo dudar de mi valor ante tus ojos,
Padre? Tú conoces el número de cabellos en mi
cabeza. Tú me creaste, y dijiste que tu creación
es muy buena. Cuando me sienta tentada a
entrar en el desánimo, recuérdame que soy
especial para ti, y que no hay otra igual que yo.

Todavía trabajando en mí

Amado Dios, estoy muy lejos de ser perfecta,
pero confío en el conocimiento de que me amas
tal y como soy. Tú eres el que ha comenzado
una obra en mí, y serás fiel en terminar lo que
has comenzado. Qué emoción saber que
harás de mí lo que quieres que sea.

Servicio

Es una peculiaridad de la vida cristiana que mientras se hace más concienzuda cada vez, también se vuelve cada vez menos una obligación y cada vez más un servicio placentero.

NEWMAN SMYTH

Lecciones de los pies

Jesús, leí el relato de cuando lavaste los pies de los discípulos, y pensé en lo desagradable que debió de haber sido. ¿Estabas pensando que esos mismos pies llevarían tu evangelio al mundo? Ya no eran horribles sino hermosos. Lavaré los pies si tú me llamas a ello, o llevaré tu mensaje.

Salvada para servir

No estoy segura de cuántas veces he
oído la frase: "Dios me salvó para servir, no
para sentarme". Hay muchas formas
en las que me puedo involucrar en el servicio
cristiano. Lo que más necesito es un corazón
dispuesto. Ayúdame a no perder nunca de vista
el hecho de que el servicio es hermoso
para ti y una bendición para otros.

Todo es importante

Sabes, cuando era pequeña, tenía tareas que
hacer. No quería hacerlas porque no parecían
importantes. Quería hacer labores importantes.
Ahora me veo que tengo la misma actitud
algunas veces. Me muestras un trabajo que
tengo que hacer, pero lo ignoro porque quiero
algo más desafiante. Perdóname Señor,
porque para ti todo es importante.

Un corazón de sierva

La ironía de tu Palabra me hace sonreír,
Señor. Cuando hablas de grandeza, está
conectado con el servicio. Es muy contrario a
la naturaleza humana, pero cuando pienso en
ello, realmente tiene sentido, aunque realmente
no lo hace ser más fácil. Por favor, dame
un corazón de sierva.

La trampa de Marta

Señor, quiero ser una sierva, pero quiero hacerlo a tu manera. Por favor, no dejes que caiga en la trampa de Marta de suplir sólo las necesidades físicas. Aunque esos elementos son importantes, no alcanzan a toda la persona. Permíteme que también sea una bendición en las áreas espiritual y emocional.

Estrés

Los pequeños problemas y preocupaciones de la vida pueden ser piedras de tropiezo en nuestro camino, o podemos hacer de ellas piedras de apoyo para conseguir un carácter más noble y para llegar al cielo.

HENRY WARD BEECHER

La popularidad del estrés

El estrés parece haberse disparado en estos días, ¿no es así Señor? Cada vez que me doy la vuelta, alguien me dice lo estresado que está. Y yo hago lo mismo. Imagino que está de moda estar estresado. Puede que esté de moda, pero no es bueno. Por favor, toma mi estrés y transfórmalo en energía que sea usada para tu gloria.

Una carga de estrés

Fechas de entrega, citas deportivas, trabajo extra inesperado en la empresa; ¡estoy a punto de tirarme de los pelos! Sé que todos tenemos nuestra carga de estrés, ¿pero acaso no habré tenido una carga extra esta semana, Padre? No estoy segura de cuál es el propósito de ello, pero sé que hay una razón. Señor, dame paciencia para soportar esta horrible experiencia, y permite que te agrade.

Paso a paso

Es el final de otro día Padre. No logré hacer lo suficiente, y el día de mañana se acerca con todas sus expectativas. Quiero gozarme en los días que tú me das, pero honestamente ha sido una tarea para mí poner un pie delante del otro. El estrés de la carga me abruma. Por favor, concédeme la fuerza para ir paso a paso.

Estrés y vulnerabilidad

Amado Dios, he descubierto que durante
estos momentos de estrés parece que soy más
vulnerable a la tentación. Te necesito aún más
durante esta difícil hora. Tengo que apoyarme
en ti y en las buenas amigas que me has
dado. Ayúdame a enfocarme en la meta,
e impide que me derrumbe.

No confié en ti

Perdóname Padre. Una vez más he estado tan estresada que he querido rendirme en la vida. He intentado con todas mis fuerzas sobrevivir cada día, pero nunca me preocupé de entregarte a ti mis preocupaciones. He sufrido para hacer las tareas y he causado que otros sufran al intentar luchar yo sola, pero desde ahora, ¡decido poner sobre ti mis cargas!

Acciones

Te seguiré

*Ordena mis pasos con tu palabra, y
ninguna iniquidad se enseñoree de mí.*
SALMO 119:133

Mi hijo sale de la piscina y camina por el
asfalto. Va dejando pequeñas huellas mientras
camina. Mientras voy detrás de él, las huellas
se van borrando. Señor, tú dejaste unas huellas
grandes; sin embargo, gracias a la Biblia,
a buenos maestros y a un intenso deseo de
seguirte, todavía podemos ver tus huellas; y en
vez de borrarse, son cada vez más claras.

Un viaje salvaje

Cuando los caminos del hombre son agradables a Jehová, aun a sus enemigos hace estar en paz con él.

PROVERBIOS 16:7

A la mayoría de las personas les gustan los autos de choque. Pisan el pedal hasta el suelo y se chocan contra todos los que puedan hasta que se acaba el tiempo, que suele ser unos tres minutos. La vida real no se presta a este estilo de vida. Si nos chocamos a propósito con la gente, sentimos que siempre estamos en guerra. En la vida real tienes que pensarlo dos veces si vas a iniciar algún tipo de dolor, desviar intencionadamente las heridas que vienen en nuestra dirección y no caer en la toma de represalias. Ese es un viaje eterno rumbo al cielo.

Pobre niña rica

Hermanos míos amados, oíd: ¿No ha elegido Dios a los pobres de este mundo, para que sean ricos en fe y herederos del reino que ha prometido a los que le aman?
SANTIAGO 2:5

Los periódicos están llenos de historias sobre los ricos y famosos. La mayoría de las veces las historias hablan de gente perdida, gente que está buscando algo. Cuando leemos sobre sus vidas, sus errores, sus hechos, deberíamos darle gracias al Señor no sólo de haberle encontrado, sino de ser pobres a ojos del mundo. Nuestra mansión no está sobre un suelo terrenal. Nuestro reino no se perderá. Nuestros errores, nuestros hechos, serán perdonados.

Apariencias externas

Porque con el juicio con que juzgáis, seréis juzgados, y con la medida con que medís, os será medido.

MATEO 7:2

El camarero no estaba contento de servir a cuatro mujeres. Su rostro decía claramente: "Van a dejar muy poca o ninguna propina". Nos juzgó por nuestras apariencias, no por nuestro valor. De una u otra manera, todos nosotros somos culpables de hacer eso mismo. El camarero no sabía cómo juzgar. No siempre sabemos cómo juzgar; pero tú sí, Padre. Tú juzgas por nuestro corazón, no por nuestra apariencia o nuestras carteras.

La vida en el carril rápido

*El que confía en su propio corazón
es necio; mas el que camina en
sabiduría será librado.*

PROVERBIOS 28:26

Piensa en una autopista de tres carriles. El carril de dentro ha sido diseñado para los que corren. Comen peligro para desayunar. El carril central es para el típico José. Él come contemplación para desayunar. El carril de afuera es para los cautos. Ellos comen responsabilidad para desayunar. Señor, tú nos cuidas independientemente del carril por el que circulemos, y amablemente nos empujas hacia el carril de afuera porque quieres que no nos pase nada.

¡Muéstrame el dinero!

Entonces creyeron a sus palabras
y cantaron su alabanza.
<small>SALMO</small> 106:12

Para casi todo trabajo en la vida hay unas reglas que seguir. Demasiadas veces queremos pruebas de que habrá una recompensa antes de hacer un verdadero esfuerzo. Señor, tu promesa no falla si estamos dispuestos a creer y esperar.

La vida de un insecto

Pero evita las cuestiones necias,
y genealogías, y contenciones, y
discusiones acerca de la ley; porque
son vanas y sin provecho.
TITO 3:9

El letrero advierte: HORMIGUERO
GIGANTE – NO SE SIENTE AQUÍ. Pero es
el único sitio claro en el montículo de hierba,
y atrae a los campistas. Grupo tras grupo
estiran sus mantas, sólo para moverse unos
minutos después; y los mordiscos no son nada
divertidos. Si sintiéramos esas picaduras de
presentimiento cuando ignoramos los avisos
de Dios: No robes, no mientas, no codicies...
Igual que los campistas, a veces hacemos
como si el mensaje no fuera
para nosotras.

Al fin limpia

Ahora, pues, ¿por qué te detienes?
Levántate y bautízate, y lava tus pecados,
invocando su nombre.
HECHOS 22:16

Tras cuatro días en el bosque, teníamos los pies sucios, el pelo lacio y la cara parecía de cuero. Acampar es un trabajo duro. Pregúntale a cualquier hombre y te dirá que lo mejor de la acampada es montar a caballo, explorar, la parrilla, la quietud. Se equivoca. Lo mejor de una acampada es el baño que te das en cuanto llegas a casa. ¡Oh, qué bien se siente estar limpia! Señor, podemos tener ese tipo de sentimiento contigo cuando lavas nuestros pecados.

Mirar escaparates

También el reino de los cielos es semejante a un mercader que busca buenas perlas.

MATEO 13:45

Había tres tiendas sin mercancías. La primera no tenía absolutamente nada. ¿Qué clase de tienda es esta? La segunda daba indicaciones para una tienda hermana ¡Ah! No hay nada que hacer. La tercera daba indicaciones de una tienda de una gran cadena. Finalmente, cansado y molesto, el cliente se va sin poder comprar nada. Señor, tú nunca fallas cuando nos das algo o nos mandas a otro lugar. Tú eres como una tienda de una sola parada; tienes todo lo que necesitamos.

Verdaderamente un gran hombre

Porque así como en Adán todos mueren,
también en Cristo todos serán vivificados.
1 Corintios 15:22

Algunos funerales duran horas, con elogios
que hablan de la grandeza. Algunos funerales
duran minutos, con elogios que se centran en
las bienaventuranzas. Un funeral exalta las
obras; el otro exalta el corazón. Señor, oro
para que mi funeral exalte a una creyente
que está viva contigo.

Cambio

No la rueda que chirria

Él da esfuerzo al cansado, y multiplica las fuerzas al que no tiene ningunas.
Isaías 40:29

Recientemente oí a una hermana cristiana, una mujer que es callada por naturaleza, que hablaba sobre su humillante experiencia ayudando a otros en una Nueva Orleans sacudida por el huracán. Sus ojos se abrieron a la experiencia humana, y es una persona mejor y más fuerte debido a sus hechos. Su corazón fue tocado de una forma que de repente me hizo darme cuenta que ella conoce y siente algo que yo todavía estoy buscando. Señor, abre nuestros ojos. Guíanos.

Micro-gestión

Y no oprimiereis al extranjero, al huérfano
y a la viuda, ni en este lugar derramareis
la sangre inocente, ni anduviereis en pos
de dioses ajenos para mal vuestro, os haré
morar en este lugar, en la tierra que di a
vuestros padres para siempre.

JEREMÍAS 7:6-7

Señor, a veces cuando algo me desagrada,
quiero que eso cambie. Busco maneras de
hacer que cambie, aporto sugerencias para
remediar la situación y luego me siento y
espero que el cambio se produzca. Señor,
normalmente soy yo la que necesita cambiar.
Ayúdame Señor, a ser una rama que se
doble. Ayúdame a cambiar.

Clasificado G

Escogeos hoy a quién sirváis.
JOSUÉ 24:15

El periódico está abierto ante nosotras por la
página de la lista de películas. ¿Han cambiado
las películas? ¿O hemos cambiado nosotras?
Nunca hemos oído hablar de la mayoría de
ellas, y las otras no las queremos ver. El
cambio es un concepto interesante. O bien
corremos hacia él, o vemos que nunca llega.
En este caso, la edad nos ha hecho no sólo
más mayores, sino más sabias. Algunas de
estas películas no se merecen una audiencia.
Gracias, Padre, por dejarnos crecer en el
conocimiento que necesitamos para alimentar
nuestra mente con lo que es bueno y puro.

Caída

Bendito el varón que confía en Jehová,
y cuya confianza es Jehová. Porque será
como el árbol plantado junto a las aguas,
que junto a la corriente echará sus raíces, y
no verá cuando viene el calor, sino que su
hoja estará verde; y en el año de sequía no
se fatigará, ni dejará de dar fruto.

JEREMÍAS 17:7–8

El árbol parecía robusto y fuerte. Sin embargo,
las lluvias torrenciales rompieron una rama,
y ahora el que fue un roble orgulloso parece
defectuoso. Cuando la gente pasa al lado del
árbol, sólo ven la rama rota y no el resto. Lo
que queda sigue estando fuerte y robusto.
Señor, esa rama partida es como el pecado.
Llévatelo para que ya no carguemos el peso.
Ayuda al mundo a conocernos no por
nuestras debilidades, sino por la fortaleza
que te debemos a ti.

La sabiduría de otras

Así ha dicho Jehová de los ejércitos,
Dios de Israel: Mejorad vuestros caminos
y vuestras obras, y os haré
morar en este lugar.

JEREMÍAS 7:3

A veces, Señor, cuando pensamos que hemos
hecho un buen trabajo, descubrimos que lo que
nosotras pensamos y lo que otros piensan no
es precisamente lo mismo. Y nueve de cada
diez veces, las otras personas justifican su
manera de pensar. Señor, ayúdanos a hacerlo
todo lo mejor que podamos y a recibir
sugerencias. Sólo podemos crecer si
estamos dispuestas a doblarnos.

Días de nuestras vidas

Toda carne es como hierba, y toda la gloria del hombre como flor de la hierba. La hierba se seca, y la flor se cae; Mas la palabra del Señor permanece para siempre.

1 Pedro 1:24-25

Mira en el espejo. ¿Aún puedes ver la niña a quien le gustaba ver dibujos, la adolescente a quien le gustaban los pantalones de campana, la universitaria a quien le gustaba maquillarse, la joven mujer a quien le gustaba acostarse tarde, la novia a quien le gustaba hacer manitas, la madre a quien le gustaba decorar con cosas de Winnie the Pooh, la abuela a quien le gustaba visitar a sus nietos? Señor, a lo largo de todas nuestras aventuras, tú eres el mismo y nos guías.

Un corazón dispuesto

Santificaos, porque Jehová hará mañana
maravillas entre vosotros.
JOSUÉ 3:5

Dicen que hay más personas que aceptan
a Cristo por amigos que por cualquier otro
medio. Cuando comencé a asistir las primeras
veces a mi nueva iglesia, no conocía a nadie.
Me sentaba en el banco y me sentía sola.
Había olvidado la primera regla de la amistad:
Para tener una amiga, tienes que ser amiga.
Decidí en mi mente involucrarme, decirle
hola a la gente que no conocía, y darme a
conocer. ¡Funciona! Mis acciones reforzaron
el conocimiento de que nunca estuve sola.
Siempre tuve un amigo a mi lado.
Su nombre es Jesús.

No se necesita edición

Las palabras de Jehová son palabras limpias, como plata refinada en horno de tierra, purificada siete veces.

Salmo 12:6

La película, adaptada de uno de mis libros favoritos, no estuvo a la altura de las expectativas. Oh, cómo disfruté cada palabra de ese libro best seller, ¿pero quién fue el encargado de hacer esta película? Los nombres eran los mismos, así como los lugares, y ocupaciones, pero la trama... la trama se había cambiado por completo. Señor, la gente a menudo intenta volver a escribir tus palabras. Todos fracasan. La maravilla de tus palabras es infinita.

Mi copa rebosa

*De cierto os digo, que si no os volvéis
y os hacéis como niños, no entraréis
en el reino de los cielos.*

MATEO 18:3

Hace seis meses, la tapa del lavavajillas
rebosaba de biberones y tetinas. Hace tres
meses, la mitad del espacio eran vasos de
bebés. Hoy tiene unas cuantas tazas y pajitas.
Señor, al ver a mi hijo crecer y cambiar, me
acuerdo de cuánto quieres que crezcamos
y cambiemos, cada vez más fuertes
en el conocimiento de ti.

Compromiso

Cheques y saldos

Que has guardado a tu siervo David mi
padre lo que le prometiste; tú lo dijiste con
tu boca, y con tu mano lo has cumplido,
como se ve en este día.

2 Crónicas 6:15

Oh, Padre, cuántas veces las buenas
intenciones abren nuestra boca, y fluyen
las promesas sin considerar cuánto tiempo
realmente tenemos para dar. Las promesas de
la boca son fáciles; tan sólo lleva un segundo
decirlas. Guardar esas promesas es difícil, y
cumplirlas lleva más de un segundo. A menudo
fallamos en guardar las promesas. Estoy muy
agradecida de que tú pusieras el ejemplo. Tú
nos humillas con tus promesas cumplidas, y
nos haces querer ser mejores personas.

Para siempre

Pronto está mi corazón, oh Dios,
mi corazón está dispuesto;
cantaré, y trovaré salmos.

SALMO 57:7

Mirando mi anillo de boda veo cómo los
diamantes se han opacado con el tiempo.
Algunas dirán: "¡Tíralo! Consigue una nuevo".
Otras dirán: "Déjalo. Está bien así". Yo lo
limpio con un cepillo de dientes y un poco
de detergente líquido. Pronto los diamantes
parecen nuevos. Señor, gracias por mi vida.
No importa lo deslustrada que esté, lo
deslustrada que esté mi vida, puedo ser
limpiada y tú sigues amándome.

Seguir trabajando

Ve a la hormiga, oh perezoso,
mira sus caminos, y sé sabio.
PROVERBIOS 6:6

"Si quieres que algo se haga, pídele a una persona ocupada que lo haga". ¿Crees este dicho? Yo a veces sí. Señor, trabajemos en tus caminos. Añadamos constantemente una cosa más que hacer que nos acerque más a ti.

Solo una cosa más

De modo que los que padecen según la voluntad de Dios, encomienden sus almas al fiel Creador, y hagan el bien.

1 PEDRO 4:19

Tengo un conocido que deja sus compromisos a la primera de cambio. Me sorprende verle cambiar de planes alegremente o incluso no hacer planes cuando se le espera en otro lugar. Sin embargo, en algunas formas, es más sensato que yo. No está estresado, resentido o saturado. Señor, cuando las multitudes te oprimían, cuando los discípulos no escuchaban, cuando querías dormir... ¿te sentiste estresado? Qué diferencia marcaste al cumplir tus compromisos. Nosotras también podemos marcar la diferencia.

Y se unirán dos

Gocémonos y alegrémonos y démosle gloria; porque han llegado las bodas del Cordero, y su esposa se ha preparado.

APOCALIPSIS 19:7

¡Epifanía! ¡Y a la vez otro mensaje bíblico entendido! Señor, cuando abro mi corazón a ti y recibo tu Espíritu Santo, es una proposición de matrimonio. Yo digo: "¡Sí!". Cuando soy inmersa en el bautismo, ese es el "¡Sí quiero!". Oh, Señor, tú eres un novio fiel, alguien que estará a nuestro lado para siempre si te dejamos.

Juicio

No entrará en ella ninguna cosa inmunda,
o que hace abominación y mentira, sino
solamente los que están inscritos en el
libro de la vida del Cordero.

APOCALIPSIS 21:27

Señor, una amiga lanzó una bomba en mis pies. Compartió un pecado pasado que me dejó con la boca abierta de la sorpresa. Mi primer pensamiento fue: *no lo entiendo.* Mi segundo pensamiento fue: *¿por qué debería entenderlo?* Mi tercer y último pensamiento fue: *Señor, ayúdame a entender.* Oh Padre, ayúdanos a todos a seguir pidiéndote ayuda continuamente para que podamos entender y para que nuestro nombre sea escrito en el libro de la vida del Cordero.

Sin verlo

En la esperanza de la vida eterna, la cual Dios, que no miente, prometió desde antes del principio de los siglos.

TITO 1:2

El anillo de boda no tiene principio ni fin. A menudo se usa como una analogía para resaltar el amor eterno entre los novios. Con un anillo de boda, cada uno promete un compromiso, pero muchas veces hay un final. Con la vida eterna, Dios prometió antes del comienzo del tiempo. Nos dio a su Hijo para resaltar el amor eterno entre un Padre y su hijo, y nunca se ha apartado de esa promesa.

Sigue al líder

Otra vez Jesús les habló, diciendo:
Yo soy la luz del mundo; el que
me sigue, no andará en tinieblas,
sino que tendrá la luz de la vida.
JUAN 8:12

Vi a dos hermanas en el parque: una grande, y la otra pequeña. La grande saltaba de objeto en objeto, con mucha facilidad. La pequeña no alcanzaba, pero lo intentaba, y quería seguir el recorrido de su hermana mayor. No se rendía.

Señor, quiero seguir tu camino; y, como la hermana pequeña, a veces siento que no llego. Nunca me rendiré, porque sé que tú nunca irás muy rápido ni muy lento para mí.

Estoy decidida a seguirte.

Leyendo entre líneas

Recuérdales esto, exhortándoles delante del Señor a que no contiendan sobre palabras, lo cual para nada aprovecha, sino que es para perdición de los oyentes.

2 TIMOTEO 2:14

Señor, por toda esta nación hay iglesias en peligro por los debates sobre la interpretación de tu Palabra. Oh Padre, qué triste te debes sentir por la falta de unidad que muestran tus seguidores. Padre, ayúdanos a buscar tu Palabra. Ayúdanos a leer tu Palabra y a llegar a un verdadero entendimiento. Ayúdanos a conocerte.

Comunicación

Gotas de lluvia que siguen cayendo sobre mi cabeza

Llevad mi yugo sobre vosotros,
y aprended de mí, que soy manso
y humilde de corazón; y hallaréis
descanso para vuestras almas.

MATEO 11:29

La tormenta prometida llegó a medianoche,
sólo que en vez de venir de golpe como predijo
el meteorólogo, llegó como un amable susurro.
La lluvia caía, caía, cayó contra el tejado por
encima de mí. Palabras de una sílaba, una
y otra vez: "Estoy aquí. Estoy aquí. Estoy
contigo". Confortada, volví a dormirme.
Habrá un arco iris por la mañana.

Pidan y recibirán

Entre tanto que voy, ocúpate en la lectura,
la exhortación y la enseñanza.
1 Timoteo 4:13

El trozo de papel amarillo clavado en el
tablón de anuncios de la tienda captó mi
atención. AYUDA PARA MADRES DE
NIÑOS PEQUEÑOS. Pegué la nota en mi
refrigerador. A menudo me surgen preguntas;
siempre recibo bien la ayuda. El robusto libro
marrón sobre mi mesita del café me llama
la atención: Santa Biblia. Dentro hay ayuda
disponible para todos. Siempre tengo la Biblia
a mano. Está sobre la mesilla de mi alcoba,
pasa a la mesita del café y a veces viaja en mi
auto. A menudo tengo preguntas;
siempre recibo bien la ayuda.

Un alegre ruido

Un día emite palabra a otro día, y una
noche a otra noche declara sabiduría.
SALMO 19:2

A casi cualquier hora del día, los niños
retozan alegres, escalan, tropiezan y gritan en
los parques de los centros comerciales. A veces
un oficial de seguridad les llama al orden y
pide que los niños hablen más bajo. De lo que
no parece darse cuenta es que la voz baja de
más de cuarenta niños equivale a hablar en
voz alta. Oh Señor, ¿no sería estupendo
si el ruido de tus seguidores proclamara
el mensaje de tu Palabra tan fuerte y
libremente como esos niños proclaman
su gozo mientras juegan?

Querida lectora

Me hiciste conocer los caminos de la vida;
me llenarás de gozo con tu presencia.
HECHOS 2:28

La carta vino de una lectora de ochenta y tres años. Le gustaba lo que escribí, especialmente mi autobiografía, y me contó un poco acerca de ella. Siempre me pregunto qué hacer. ¿Debería responder? ¿Necesita esta persona algún contacto? ¿O realmente lo único que quiere decir esta persona es: "sí, los lectores estamos aquí"? Padre, somos lectores de tu Palabra. Necesitamos un contacto. Gracias por darnos una manera de conocer tu presencia. Estamos aquí. Somos seguidores de tu Palabra.

Él sabe mi nombre

*Que has cumplido a tu siervo David
mi padre lo que le prometiste;
lo dijiste con tu boca, y con tu mano
lo has cumplido, como sucede en este día.*

1 REYES 8:24

Hay placas que toman Juan 3:16 y cambian
las palabras: "De tal manera amó Dios al
mundo..." por "De tal manera amó Dios a
[inserte su nombre aquí]...". Al igual que Dios
le habló a David, al igual que Dios conocía a
David personalmente, así nos conoce a
cada una de nosotras, y mantiene las
promesas que nos ha hecho.

Aquel a quien oír

Atendiendo a su voz, y siguiéndole a él;
porque él es vida para ti, y prolongación de
tus días; a fin de que habites sobre la
tierra que juró Jehová a tus padres,
Abraham, Isaac y Jacob.
DEUTERONOMIO 30:20

El teléfono grita, arrancándome de mi siesta.
Una voz grabada comienza algún discurso
sobre hipotecas, y cuelgo. No me siento
culpable por colgar a un ordenador. Padre,
a lo largo del día somos bombardeados con
mensajes vanos, pero no de ti. Hago una
oración antes de dormir la siesta. Escucho tu
voz y obedezco tu firme mensaje. Espero.

Un tono, dos tonos

He aquí, yo enviaré la promesa de mi Padre sobre vosotros; pero quedaos vosotros en la ciudad de Jerusalén, hasta que seáis investidos de poder desde lo alto.

Lucas 24:49

¿Te acuerdas de la ansiedad al esperar la llamada de teléfono del sexo opuesto? Las chicas rondan junto al teléfono y se afanan con sus amigas por cómo responder. Los chicos, por el contrario, raras veces rondan o se afanan, y pasan semanas hasta que piensan: Oye, debería llamarla. Muy raras veces necesitan una discusión con sus amigos para preparar la llamada de teléfono. Nuestro Padre prometió llamarnos, y no necesitamos preocuparnos de si no honra lo que prometió. Nosotras, sin embargo, necesitamos preparación.

Pon tu mano en la mano

*Así que, los que somos fuertes debemos
soportar las flaquezas de los débiles,
y no agradarnos a nosotros mismos.*
ROMANOS 15:1

La clase de la escuela dominical es una ensalada de almas. Mis amigas son jóvenes, mayores, doctas, normales, salvas, perdidas, buscando... En diferentes ocasiones, yo he estado en las diferentes categorías, y justamente cuando pienso que soy fuerte, me doy cuenta de que soy débil. Cuando soy débil, tú me haces fuerte; y en todo ello, veo las luchas de mis amigas mientras, al igual que yo, intentan hacer el recorrido de tu camino. Cuando soy más feliz es cuando no sólo estoy tomada de la mano de la persona que tengo delante sino también de la persona que está detrás de mí.

Noticias para mí

*Y nosotros también os anunciamos el
evangelio de aquella promesahecha a
nuestros padres, la cual Dios ha
cumplido a los hijos de ellos,
a nosotros, resucitando a Jesús.*

HECHOS 13:32–33

Dicen que no tener noticias es una buena noticia.
En gran medida, no creo que sea cierto. Ahora que
soy esposa y madre, cuando el día está nublado y
uno de mis seres queridos no está donde debería
estar, no tener noticias es miedoso y frustrante.
Señor, tú no te has quedado con nada nuestro.
Tú no nos haces esperar y preocuparnos.
Conocemos todas tus noticias; y si ponemos
atención al mensaje, nada es miedoso ni
frustrante. Tenemos a Jesús para guiarnos
por el camino, para tomarnos la mano.
Gracias, Padre, por las buenas noticias
de tus promesas y su resistencia.

Comunidad

Ven a la iglesia agreste

Porque Dios, que mandó que de las tinieblas resplandeciese la luz, es el que resplandeció en nuestros corazones, para iluminación del conocimiento de la gloria de Dios en la faz de Jesucristo.

2 Corintios 4:6

En un viaje reciente, mi marido y yo nos salimos del camino principal para explorar una pequeña ciudad a tan sólo seis millas del camino que llevábamos. Encontramos la calle Tienda Rural. Recorrimos todas las calles arriba y abajo durante unos veinte minutos, y eso era toda la ciudad. No había ninguna tienda rural, ¡pero había una iglesia! En medio de una ciudad tan pequeña, no había ni una tienda. Señor, verdaderamente eres una luz en la oscuridad.

No solo un número

Lo que hemos visto y oído, eso os anunciamos, para que también vosotros tengáis comunión con nosotros; y nuestra comunión verdaderamente es con el Padre, y con su Hijo Jesucristo. Estas cosas os escribimos, para que vuestro gozo sea cumplido.

1 Juan 1:3–4

Hace años los porches de las casas,0 se usaban para socializar. Hoy ni tan siquiera conocemos a nuestros vecinos. Las vallas funcionan como paredes que mantienen al mundo acorralado. Señor, he oído que se necesita una ciudad para educar a un niño. También creo que se necesita una comunidad para nutrir a un adulto. Gracias por la convivencia cristiana. Ayúdanos a crecer fuertes en el seno de tu iglesia. Ayúdanos a aprender de la sabiduría de otros que van por el camino.

Llamen y se abrirá

He aquí, yo estoy a la puerta y llamo; si alguno oye mi voz y abre la puerta, entraré a él, y cenaré con él, y él conmigo.

APOCALIPSIS 3:20

Recientemente una amiga compartió una historia sobre la infancia de su madre. Dijo que una vez hubo una muerte en la familia, y cuando la familia llegó a casa del entierro, la casa estaba llena de comida. Los vecinos habían pasado por allí mientras la familia estaba fuera. La infancia de la madre, claro está, fue hace unos ochenta años, cuando no había que cerrar las puertas. Señor, no permitas que las puertas cerradas nos impidan compartir una comida o compartir tus promesas.

El curriculum vitae

De manera que, teniendo diferentes dones,
según la gracia que nos es dada.
ROMANOS 12:6

Yo sigo buscando mi lugar en la iglesia. ¿Soy de las que dan la bienvenida? ¿Maestra? ¿Escritora de tarjetas? La Biblia dice que los últimos serán los primeros. Nuestro ministro lo cita a menudo, aunque considero que él es más importante que yo. Él dice que, sin la gente, él no sería nada. Oh Señor, gracias por la oportunidad de dirigir, la oportunidad de seguir, la oportunidad de involucrarnos en tu voluntad.

Alhelíes

Y respondiendo el Rey, les dirá:
De cierto os digo que en cuanto lo hicisteis
a uno de estos mis hermanos más
pequeños, a mí lo hicisteis.

MATEO 25:40

Mi marido agarra el perfilador e intenta cortar esos brotes de hierba que crecen demasiado cerca del cemento. Hay personas en la iglesia que son como esas hierbas. Son los que están en el borde, y a veces son difíciles de alcanzar. Quizá necesitan aceptación, amistad y convivencia. Señor, tu invitación incluye a todos. Necesitamos tomar nuestra Biblia y buscar las hierbas que crecen demasiado cerca del mundo.

Creación

Plántalo y crecerá

Pero la palabra del Señor crecía
y se multiplicaba.
HECHOS 12:24

Los manzanos crecen donde probablemente no deberían crecer los manzanos. La propietaria de la cabaña admite que durante años ella y su marido tiraban los corazones al suelo. Hoy, dos manzanos proveen un manjar para los pájaros de la zona. A veces, Señor, tu Palabra cae como esas semillas de manzana cayeron hace mucho tiempo: en los oídos de gente que está donde no debería estar. ¿No es maravilloso cuando el cristianismo se esparce donde el cristianismo no estaba antes?

El hombre sabio

*Y Jehová ha cumplido su palabra que había
dicho; porque yo me he levantado en lugar
de David mi padre, y me he sentado en el
trono de Israel, como Jehová había dicho,
y he edificado la casa al nombre de
Jehová Dios de Israel.*

1 REYES 8:20

¡Qué formidable empresa fue ese templo!
Hoy en la tierra, construir un templo es una
empresa tan difícil porque nosotros somos
el templo. La lucha por mantener, animar y
nutrir el yo —no digamos ya una familia— para
seguir las enseñanzas del Señor es por lo que
lucha cada Salomón de nuestros días. Señor,
ayúdanos a recordar la promesa de redención
de Dios. Ayúdanos a construir nuestros
templos sobre la roca.

Una rosa con cualquier otro nombre

El hombre, como la hierba son sus días; florece como la flor del campo, que pasó el viento por ella, y pereció, y su lugar no la conocerá más. Mas la misericordia de Jehová es desde la eternidad y hasta la eternidad sobre los que le temen, y su justicia sobre los hijos de los hijos.

SALMO 103:15–17

Un desconocido le entregó una rosa a mi hijo. En el asiento de atrás de mi auto, mi bebé de dieciocho meses jugaba con ella durante un instante, se comió un pétalo, y tiró la flor al suelo, donde finalmente se le partió el tallo y se rompió en pedazos. Señor, cuando intentamos vivir sin ti, estamos rotos y desplazados como la rosa abandonada. Gracias por la oportunidad de crecer en tu Palabra.

Maravillas pintorescas

*Tu diestra, oh Jehová, ha sido magnificada
en poder; tu diestra, oh Jehová,
ha quebrantado al enemigo.*
ÉXODO 15:6

La ventana del restaurante nos daba una
magnífica vista del océano al ponerse el sol.
Apenas si saboreaba mi comida, por estar tan
embelesada con la creación de Dios. ¿Cómo
puede alguien dudar de lo que el Señor ha
hecho? ¿Ha creado? La perfección se estrella
contra la playa cuando las olas se rinden
al fluir y refluir, y yo me quedo
asombrada del poder de Dios.

Amanecer, atardecer

He aquí que yo hago cosa nueva;
pronto saldrá a luz; ¿no la conoceréis?
Otra vez abriré camino en el desierto,
y ríos en la soledad.

Isaías 43:19

A veces el sol es naranja cuando se pone por el oeste. Es impresionante. Lo más asombroso acerca del sol naranja es que el vibrante color viene de la polución. ¿Cómo es posible, Señor, que tu esplendor venza un obstáculo como las impurezas del aire? ¿Cómo es posible, Señor, que veas más allá de nuestras imperfecciones y tu gracia nos permita comenzar de nuevo? ¿Cómo es posible?

Es el amor del Padre.

Tierras Lejanas

Soy un hombre viajero

Jehová, Dios de los cielos, que me tomó de la casa de mi padre y de la tierra de mi parentela, y me habló y me juró, diciendo: A tu descendencia daré esta tierra; él enviará su ángel delante de ti, y tú traerás de allá mujer para mi hijo.

GÉNESIS 24:7

Hace mucho tiempo, la gente parecía estar en un mismo sitio durante generaciones. Los hermanos vivían a una manzana de distancia en vez de a una llamada de teléfono de distancia. Los abuelos veían a sus nietos cada día. Señor, qué bendición saber que todos somos tus hijos, y que los que estamos dispersos algún día estaremos todos juntos como uno.

Soy un paseante

*Porque Jehová conoce el camino de los
justos; mas la senda de los malos perecerá.*
SALMO 1:6

Las puertas separan el salón del resto de la
casa. Mi hijito está aislado en un lugar seguro
de la casa. Cuando papá y yo estamos cerca,
le dejamos suelto para que explore la casa bajo
nuestra constante vigilancia. Señor, no siempre
estamos donde debemos. Qué contentos están
nuestros corazones de saber que tú
nos vigilas constantemente.

Viajeros cansados

*Jehová estará con vosotros, si vosotros
estuviereis con él; y si le buscareis, será
hallado de vosotros; mas si le dejareis,
él también os dejará.*

2 Crónicas 15:2

El noticiero de la televisión dedica mucho
tiempo al tema de la frontera de los Estados
Unidos. Los inmigrantes ilegales están
demacrados. La búsqueda de una vida mejor
es peligrosa para ellos, como lo ha sido para
tus seguidores durante tantos años. Nunca he
tenido que viajar al desierto, estar sin agua, sin
ropa limpia y sin aire acondicionado. Nunca he
pasado dificultades. Señor, ayúdame a entender
e intentar marcar la diferencia, no sólo
para los que buscan una vida mejor sino
también para los que te buscan a ti.

Dios cuidará de mí

Plenamente convencido de que era también poderoso para hacer todo lo que había prometido.

ROMANOS 4:21

Los misioneros a menudo dicen cómo saben que Dios cuidará de ellos mientras dan a conocer su Palabra en lugares distantes y a veces peligrosos. El lugar más distante en el que he estado es México, en una iglesia que usaba asientos de autos como bancos y una bañera para los bautizos. Allí vi la mirada en los ojos de un creyente que verdaderamente sabía que Dios cuidaría de él. Es una mirada que intento conseguir.

Duda

Cumplidores de promesas

*Por la fe también la misma Sara, siendo
estéril, recibió fuerza para concebir; y dio
a luz aun fuera del tiempo de la edad,
porque creyó que era fiel quien lo
había prometido.*

HEBREOS 11:11

Abraham es una lección sobre la mentalidad
de los que dudan. No importa lo que Dios
pidiera, Abraham lo hizo, y Abraham creyó;
creyó durante largos periodos de tiempo.
Nosotras perdemos mucho tiempo dudando.
Tan sólo piensa en lo que podríamos lograr si
aceptáramos la promesa de Dios e
hiciéramos lo que Él dice.

Cuando hay dudas

Y levantándose, reprendió al viento, y dijo al mar: Calla, enmudece. Y cesó el viento, y se hizo grande bonanza.

MARCOS 4:39

A veces, Señor, me siento sin esperanza, tan débil, tropezando. Me acobardo por todos los pecados que cometo, y luego, Señor, me recuerdas a tus discípulos. Muchos eran expertos pescadores y, en el mar, incluso tenían temor de las tormentas. No merecemos tu gracia, pero nuestra fe nos llevará a la victoria.

Mis oraciones están contigo

Aunque ande en valle de sombra de muerte, no temeré mal alguno, porque tú estarás conmigo; tu vara y tu cayado me infundirán aliento.

SALMO 23:4

Mi tarjeta de condolencias está sobre mi mesa. Lleva ahí dos semanas, y no sé qué palabras escribir. Mi amiga ha perdido a su marido, y habla del vacío en su vida y del sentimiento de soledad. Dudo de mi capacidad para consolarla. Tú, Señor, sabes qué palabras escribir. Están en la Biblia. Mi amiga cuenta con la bendición de tener una Biblia, y ama tus palabras, las cuales le harán más bien que las palabras que yo estoy intentando escribir.

Consuélame

Fortaleced las manos cansadas, afirmad las rodillas endebles. Decid a los de corazón apocado: Esforzaos, no temáis; he aquí que vuestro Dios viene con retribución, con pago; Dios mismo vendrá, y os salvará.

Isaías 35:3–4

La cuidadora abre la puerta, y mi hijo duda antes de entrar, asegurándose que voy detrás de él. Dentro, aunque la tentación de otros niños es algo atractivo, él se queda cerca de mi pierna, tocando suavemente mi rodilla todo el tiempo para asegurarse de que no le he dejado. Oh Señor, tú abres puertas, nos invitas a entrar y nosotros dudamos. Gracias por la oportunidad de seguir y estudiar a tu lado. Tú nunca nos dejas; siempre estás cerca.

Para que no te preocupes

¿Y quién de vosotros podrá, por mucho que se afane, añadir a su estatura un codo?

MATEO 6:27

Una amiga mía teme hablar en público. Otra amiga no puede conducir en la autopista. A mí me da miedo volar. Estos obstáculos impiden que progresemos en la vida, nos privan de oportunidades. Señor, tú conoces nuestras preocupaciones, y si te conocemos, deberíamos ser capaces de desechar esas preocupaciones.

Fidelidad

En los ojos de mi Padre

Porque los ojos de Jehová contemplan toda la tierra, para mostrar su poder a favor de los que tienen corazón perfecto para con él.
2 Crónicas 16:9

Recientemente, en una clase de educación de los hijos, oí que si realmente quieres que tu hijo te siga, entonces camina para atrás. Así que la siguiente vez que fuimos al parque y mi hijo no tenía muchas ganas de seguirme, comencé a caminar para atrás. ¿Adivina qué? No me siguió, y siguió jugando. Señor, me pregunto cómo muchas veces tú caminaste para atrás, mirándome todo el rato y esperando que te siguiera. Oh Señor, estoy muy agradecida de que nunca te rindes conmigo y que siempre estoy al alcance de la mirada de los ojos de mi Padre.

...Como un grano de mostaza

Porque no por la ley fue dada a Abraham
o a su descendencia la promesa de que
sería heredero del mundo, sino
por la justicia de la fe.

ROMANOS 4:13

A veces somos culpables de pensar en Dios
como en un Santa Claus artificial, que tiene
una lista de quién se ha portado mal y quién
se ha portado bien. Para asegurarnos estar en
la lista buena, queremos tener toda una lista de
hechos, pero Abraham, uno de los padres más
honrados y meritorios de todos los tiempos, no
recibió la promesa de Dios por sus hechos.
No, la recibió por su fe.

¿Dónde estás?

Mas si desde allí buscares a Jehová tu Dios, lo hallarás, si lo buscares de todo tu corazón y de toda tu alma.

DEUTERONOMIO 4:29

Un día el espejo retrovisor se despegó del cristal de mi auto. En un primer momento, la pérdida no me importaba mucho. Durante las siguientes semanas —el tiempo que tardé en reemplazar el espejo—, cada vez que iba a mirar por el espejo me molestaba. El hábito me hacía seguir mirando al espejo. Como conductora, estaba mermada. Señor, en muchas formas tú eres como ese espejo. Estás a nuestro lado, y a veces ni siquiera nos damos cuenta de que estás ahí; pero si te perdiéramos, nos molestaría, estaríamos mermadas. Señor, mantennos siempre mirándote fielmente.

Control de volumen

Y creyeron muchos más
por la palabra de él.
JUAN 4:41

A mi marido le gusta poner el volumen de la televisión a 47. A mí me gusta a 17, así que lo dejamos en 32, lo que significa que él apenas puede oír las palabras, y yo me tengo que tapar los oídos. Señor, me hace pensar en los sermones del domingo por la mañana. A veces la lección se termina y me doy cuenta de que apenas si oí la palabra. Otras veces, la lección es tan poderosa que, alto y claro, parece que fue dirigida hacia mí. Señor, queremos oír tus palabras. Mantennos siempre fieles y nunca dejes que nos tapemos los oídos.

La vista desde el asiento delantero

Porque Jehová conoce el camino de los justos; mas la senda de los malos perecerá.
SALMO 1:6

Es un lugar de recreo interior para los niños, y se supone que los papás tienen que estar vigilándoles todo el tiempo. Yo sigo a mi hijo, estoy ahí si se cae. Hay otro niño correteando por ahí, y digo correteando. Enseguida se sube donde no debería, y su cabeza está demasiado cerca de un ventilador de techo, y yo grito. Él me mira y finalmente se baja. Estoy muy agradecida de que mi padre me vigile y me cuide, y Él es fiel. Estoy muy agradecida por ese ojo atento de alguien fiel que no quiere que me caiga.

Suprimir

Vanidad y palabra mentirosa aparta de mí;
no me des pobreza ni riquezas;
manténme del pan necesario.

PROVERBIOS 30:8

Mi computadora puede conectarme con otros
cristianos. Me ayuda a investigar tu Palabra,
pero también me hace vulnerable, porque
mucha de la información acerca de ti es falsa.
Ayúdame, Señor, a mantener mis ojos
abiertos para encontrar sólo la verdad.

Familia

El día del padre

Yo soy el buen pastor; y conozco mis ovejas,
y las mías me conocen.

JUAN 10:14

La luna esparce su luz sobre el campo de béisbol, y se pueden ver las siluetas de un padre y un hijo caminando lentamente por el montículo del lanzador. El padre da zancadas firmes, y el niño lo imita unos dos metros detrás. Como si un imán le estuviera sujetando en ese lugar, el niño raras veces se desvía de seguir las huellas de su padre, y, cuando lo hace, el padre se detiene, se gira y le vuelve a poner en el lugar correcto. Jesús, tú eres como ese padre. Tú guías y yo te sigo, y si me apartara, tú quieres guiarme de nuevo al lugar correcto.

Pasado, presente y futuro

*Dios hace habitar en familia
a los desamparados.*
SALMO 68:6

Es viernes y festivo. Voy por el pasillo hacia mi oficina y el silencio me saluda. La mayoría de mis compañeras se han tomado el día libre. En el silencio, saco tiempo para hacer las pequeñas cosas que me dejo sin hacer; sin embargo, sin las bromas de mis compañeras de trabajo hay un sentimiento constante de que me falta algo. Señor, parte del gozo del caminar cristiano es la comunión de los hermanos, el sentimiento de que todo está bien. Te damos gracias, Señor, por las amigas que nos dirigen, las amigas que caminan a nuestro lado, y las amigas que aún han de llegar.

Insuperable

Corona de los viejos son los nietos,
y la honra de los hijos, sus padres.

PROVERBIOS 17:6

Si pudiera retroceder en el tiempo y cambiar
sólo una cosa, sería esta: apreciar a mis padres.
Me di cuenta demasiado tarde del regalo
tan precioso de su inquebrantable amor. Me
di cuenta demasiado tarde de la dedicación
que pusieron para guiarme en los caminos
de justicia. Me di cuenta demasiado tarde de
que, en todo el mundo, nadie ama como unos
buenos padres. Y, Padre, me doy cuenta
de que tú eres el mejor Padre.

Amado

Dad gracias en todo, porque esta es la voluntad de Dios para con vosotros en Cristo Jesús.

1 TESALONICENSES 5:18

Mis padres no me dejaron; yo les dejé a ellos, como se supone que los jóvenes adultos deben hacer. Mientras vivían, sabía que si surgía una necesidad, una llamada de teléfono era suficiente para que tomaran un avión y estuvieran a mi lado. Nadie más me ha hecho sentir nunca tan perfectamente amada. Por favor, Padre, de algún modo permite que los padres de hijos irreflexivos —aquellos que no dicen, "gracias" o "te amo" lo suficiente— sepan que, sin lugar a duda, son queridos y apreciados.

Con paso enérgico

Paz, paz contigo, y paz con tus ayudadores,
pues también tu Dios te ayuda.
1 CRÓNICAS 12:18

Mi tía usa un andador. Últimamente mi hijo pequeño le ha agarrado el gusto al andador y quiere ayudar. Se mete dentro del andador, y ella se pone detrás, y juntos hacen un buen equipo. Yo tengo la misma oportunidad. Me pongo dentro de la Palabra y te doy la posición de liderazgo a ti, Señor, y juntos hacemos un buen equipo.

Querida mamá

De cierto, de cierto os digo, que el que guarda mi palabra, nunca verá muerte.
<small>JUAN 8:51</small>

Hay veces en que extraño tanto a mi madre que estiro mi mano y hago como si la tocara. Oh, si pudiera tener la oportunidad de decirle de nuevo lo mucho que le amo, contarle cómo me fue el día, mis preocupaciones, mis alegrías. Alguien compartió una oración conmigo sobre un papá de noventa y seis años... dijo que no se imaginaban la vida sin él. Cada día e xtraño a mi madre. Cada día estoy un día más cerca de verla de nuevo.

Alguien para cuidar de mí

El que me ama, mi palabra guardará;
y mi Padre le amará, y vendremos a él,
y haremos morada con él.

JUAN 14:23

Le dije adiós con la mano a mi marido cuando se iba todo el fin de semana. Tendré dos días sólo para mí. Puedo ir al centro comercial sin prisas, puedo salir a comer al restaurante que a él no le gusta, puedo pasar tiempo con mi mejor amiga; y, sí, esas aventuras son divertidas, pero falta algo. Señor, sin mi marido, no hay nadie en casa al volver. Señor, si no estuvieras en nuestras vidas, siempre nos sentiríamos así, que no hay nadie en casa al volver.

Guarda sus corazones

*Estas cosas os he hablado,
para que no tengáis tropiezo.*
JUAN 16:1

El setenta y cinco por ciento de los jóvenes
dejarán la iglesia cuando se vayan de casa.
Yo recuerdo cuando tenía mi propio grupo
de jóvenes. Es como si un borrador gigante
hubiera venido y hubiera eliminado el área
de los que en un tiempo fueron mis amigos y
amigas. Así que imagino que el setenta y cinco
por ciento es un dato realista. Señor, sé tú con
nuestros jóvenes, sé tú con sus padres, y con
los líderes de la iglesia. Oramos para que el
cien por ciento de nuestros jóvenes se queden
en la iglesia. Oramos por el futuro.

Bendice esta casa

*Honra a tu padre y a tu madre,
para que tus días se alarguen en la
tierra que Jehová tu Dios te da.*

ÉXODO 20:12

Hay un retrato de mis padres colgado encima
de mi escritorio. Los dos están sonriendo. Se
encargaron de que yo estuviera en la iglesia
casi cada vez que abrieran la puerta. Me
tomaban de la mano, me daban un techo, me
daban amor. Tenían aproximadamente mi edad
cuando se tomaron esa fotografía. Ahora me
esperan en la gloria. Ellos fueron todo lo
que Dios puede esperar de una
madre y un padre.

Un acople perfecto

Entre las cuales estáis también vosotros, llamados a ser de Jesucristo.

ROMANOS 1:6

Los Legos son unos juguetes fascinantes. Vienen en varios tamaños y formas. Algunos Legos encajan en cualquier sitio, y otros tienen funciones específicas y sólo encajan en ciertas áreas. Intenta ponerlas en el lugar erróneo y acabarás o bien con una estructura mala, o con una que se cae. Señor, quiero ser como ese Lego que saber dónde pertenece. Si tropiezo por el camino equivocado, hazme sentir mal para que pueda cambiar antes de caerme.

Temor

Las órdenes del doctor

Y recorrió Jesús toda Galilea, enseñando en las sinagogas de ellos, y predicando el evangelio del reino, y sanando toda enfermedad y toda dolencia en el pueblo.

Mateo 4:23

Un compañero de trabajo va a sufrir una intervención esta semana. Es un líder, un buen hombre, un amigo. La enfermedad le agarró de improviso, y ahora el temor se asoma en cada una de sus palabras y pensamientos. Nos reunimos a orar, le mandamos tarjetas y le ofrecimos comida. Señor, gracias por cuidar de nosotros, por saber nuestras necesidades y por darnos la fuerza para enfrentarnos a lo desconocido.

Pescadores de hombres

Examíname, oh Dios, y conoce mi corazón;
pruébame y conoce mis pensamientos;
y ve si hay en mí camino de perversidad,
y guíame en el camino eterno.
SALMO 139:23–24

Pasaron por mi oficina con una videocámara y pidieron una definición de liderazgo en quince segundos. La primera palabra que me vino a la mente fue valor; valor para marcar una diferencia positiva, no sólo en la propia vida de uno, sino también en las vidas de otros. Desgraciadamente, no dije lo que pensé. Dudé de mi capacidad, tuve miedo de tartamudear, no pronunciar bien alguna palabra, hacer el ridículo, y se fueron. Oh, cómo me gustaría tener valor para hacerlo bien; para hablar a otros de tu camino. Ayúdame, Señor, a tener valor.

Día nevado

*¿Es éste vuestro hijo, el que vosotros decís
que nació ciego? ¿Cómo, pues, ve ahora?*

JUAN 9:19

La nieve cayó, cubriendo la carretera y
llenando el terreno. La mayoría de los
conductores circulaban a unos treinta
kilómetros por hora. Unos pocos conductores
temerarios conducían como si las carreteras
estuvieran bien y hubiera una buena
visibilidad. Señor, cómo hablaba contigo
durante ese viaje cuando el blanco era el
único color que veía, cuando mis manos
se petrificaron en el volante y cuando el
temor se agarró a mi corazón.

Tú estabas ahí.

Perdón

Lo siento

Entonces se le acercó Pedro y le dijo: Señor, ¿cuántas veces perdonaré a mi hermano que peque contra mí? ¿Hasta siete? Jesús le dijo: No te digo hasta siete, sino aun hasta setenta veces siete.

MATEO 18:21-22

Se me pasó un cumpleaños, y nada menos que el de mi abuela. Me lo había anotado en el calendario; estaba ahí, ¿por qué no lo vi? Afortunadamente, la abuela está dispuesta a perdonarnos con los brazos abiertos una y otra vez. Señor, tu perdón, vez tras vez, es la mayor bendición de todas.

De caliente a frío

Ten piedad de mí, oh Dios, conforme a tu
misericordia; conforme a la multitud de
tus piedades borra mis rebeliones.
Lávame más y más de mi maldad,
y límpiame de mi pecado.

SALMO 51:1–2

Meto la mano en el chorro del agua y ajusto la temperatura. Ahora está fría, y subo la caliente. Ah, en su punto. Luego me meto y doy un gripo. ¡Está muy caliente! Señor, a veces el pecado nos tienta pareciendo algo inofensivo, pero como la temperatura del agua que puede cambiar en un momento, igual ocurre con nuestra participación en el pecado. El agua quema, y el pecado también, pero su daño es más profundo. Guía nuestros pasos, Señor, y perdónanos y límpianos de nuestros pecados.

Recuento de calorías

Porque de su plenitud tomamos todos,
y gracia sobre gracia.
JUAN 1:16

¿Por qué el apio no sabrá como el chocolate?
¡No tendría que luchar con el peso si el
chocolate tuviera las mismas calorías que el
apio! Señor, a veces las cosas que deseamos
son aquellas contra las que tú nos previenes; y
al final, si participamos, experimentamos las
repercusiones. Me llevará un año quitarme
todo el chocolate que tengo acumulado en las
caderas. Gracias que puedo deshacerme del
pecado con más facilidad por tu gracia.

Eso que tú haces

*Porque sol y escudo es Jehová Dios; gracia
y gloria dará Jehová. No quitará el bien a
los que andan en integridad.*

SALMO 84:11

Señor, tú te sitúas entre nosotros y el pecado.
Oh, para ser intachable. Oh, para tomar
siempre buenas decisiones. Es sólo por ti
que puedo ser inocente y perdonada. Señor,
reconozco tu presencia y te pido perdón por
todas las veces en que, como un niño
errante, no he estado donde debía.

A un paso

*Pero la ley se introdujo para que
el pecado abundase; mas cuando el pecado
abundó, sobreabundó la gracia.*

ROMANOS 5:20

Estoy en medio de un charco en el
aparcamiento. No es un gran charco; sólo
dando un paso estaré en tierra seca. A veces,
cuando me siento en las clases de la Biblia y
escucho a los maestros hablar sobre la gracia,
entiendo el concepto. Soy una hija de Dios
y a menudo acabo donde no es mi lugar —en
un charco—, y la gracia me rodea como la
tierra seca. Sólo tengo que dar pasos
hacia tu gracia y hacia ti.

Y olvida

Pero la gracia de nuestro Señor fue
más abundante con la fe y el amor
que es en Cristo Jesús.

1 TIMOTEO 1:14

Me preocupa que si no olvido, probablemente no esté perdonando. ¿Se puede tener lo uno sin lo otro? ¿Cuántas veces puedes profesar perdón por una ofensa cometida una y otra vez? Oh Padre, estoy muy agradecida de no ser yo la juez, sino tú. Estamos muy agradecidas de que tú seas el dador de gracia. Una gracia que no merecemos pero que tú nos la das igualmente.

Amistad

En todo tiempo

¿Ha cesado para siempre su misericordia?
¿Se ha acabado perpetuamente su promesa?
SALMO 77:8

En medio de la noche, cuando todo está quieto, y la soledad se establece como una manta gris de temor, a veces cuestionamos a Dios. "¿Por qué estoy soltera?", "¿Por qué estoy gorda?", "Por qué...?", "¿Por qué...?" Quizá deberíamos decir: "¡Estoy bendecida!" En medio de la noche, cuando todo está quieto, y la soledad se establece como un manto gris de temor, existe el consuelo de saber que tenemos un Dios con el que hablar.

Tienes una amiga

El que guarda el mandamiento no experimentará mal; y el corazón del sabio discierne el tiempo y el juicio.

ECLESIASTÉS 8:5

Hoy me reuniré con una amiga a comer. Ha sido parte de mi vida durante dos décadas; sin embargo, hace ya un año que la vi por última vez. Qué triste que estemos tan ocupadas en esta vida que a veces las amigas sean horas y fechas en mi agenda en vez de gente en mi diario vivir. Padre, tú eres un amigo constante. No tengo que hacer tiempo para ti, porque tú eres el tiempo.

Fuera lo antiguo

*Entonces la mujer de Lot miró atrás,
a espaldas de él, y se volvió estatua de sal.*
GÉNESIS 19:26

Ahora que soy cristiana, he sentido la distancia
de mi vida antigua en el mundo. La vida
donde las amigas te llamaban de repente para
ver una película comprometida, criticar a las
demás o quizá incluso ir de copas. Señor, a
veces extraño esa vida. Cuando nuestra vida
cambia y luchamos con el cambio, ayúdanos
a despojarnos de la antigua vida y correr
fielmente hacia la nueva.

Camaradería

En la casa de mi Padre muchas moradas hay; si así no fuera, yo os lo hubiera dicho; voy, pues, a preparar lugar para vosotros.

JUAN 14:2

¿Por qué espero hasta el último minuto para prepararlo? Fui a tres tiendas buscando un quiche. ¿Quiche? Terminé con pan. ¿Se dará cuenta alguien? Probablemente no. Al comenzar la comida, los alimentos dejan paso a la convivencia. Gracias, Señor, por las reuniones de mujeres cristianas donde nos animamos entre nosotras. Gracias por preparar un lugar para mí tanto en esta tierra como contigo en la eternidad.

Regalos

Todo lo que reluce

Y esta es la promesa que él nos hizo,
la vida eterna.

1 Juan 2:25

Ha pasado otro día del padre. Los regalos están por encima de la mesa: una corbata, una bolsa de viaje, una calculadora y en la puerta un monociclo. ¿Se querían estos regalos? ¿Se necesitaban? Estos regalos, salvo el monociclo, ocuparán un espacio en el cajón de abajo. El monociclo irá al garaje. Te alabamos, oh Padre, porque tú sabes lo que queremos; pero más importante aún, tú sabes lo que necesitamos.

Según la naturaleza

*Y si alguno de vosotros tiene falta
de sabiduría, pídala a Dios, el cual
da a todos abundantemente y
sin reproche, y le será dada.*

SANTIAGO 1:5

Al sentarme en la mesa de picnic y escribir,
el zumbido de cientos de abejas atrajo mi
atención. Tras un momento, el zumbido se
detuvo cuando la última abeja entró en el
agujero del árbol. Fue entonces cuando me di
cuenta de las nubes tormentosas y los truenos
lejanos. Las abejas sabían que los cielos estaban
a punto de abrirse y desatar la lluvia de Dios.
Recogí mi computadora portátil y me fui
adentro. El mismo Dios que dio sabiduría
a las abejas también me dio sabiduría
a mí. Gracias Señor.

Música bonita

Alegraos, oh justos, en Jehová; en los íntegros es hermosa la alabanza.
SALMO 33:1

Mi marido está a mi lado en la iglesia. Sus labios no se mueven. Yo miro alrededor y noto que hay otros que no cantan... ¿Cómo puede ser? Cantar es una actividad alegre, como un regalo. Mi marido le echa la culpa a su voz, y otra amiga se la echa a su timidez. Estoy segura de que he asaltado los oídos de muchos de mis compañeros de banco con notas malas; pero Señor, ¿tú me oyes? Mi corazón está lleno de asombro de ti mientras canto y escucho las palabras de la alabanza.

Celebra

Instruye al niño en su camino, y aun
cuando fuere viejo no se apartará de él.
PROVERBIOS 22:6

Uno tras otro, los regalos llenaban la
habitación. Los invitados tocaban los baberos y
los juguetes coloridos y acariciaban los vestidos
de terciopelo y las mantas de ganchillo. Los
pañales, de cuatro tallas diferentes, se apilaban
en la esquina. La futura mamá estaba radiante.
Somos su familia espiritual, reunidas para
celebrar un nuevo nacimiento. Le hacemos
regalos que contribuirán al ahora y al futuro
del bebé. El mejor regalo de todos es una
familia que no sea ajena a tu Palabra. Señor,
guarda a esta familia caminando en
tus pasos, ahora y en el futuro.

Me encanta contar la historia

Y yendo, predicad, diciendo:
El reino de los cielos se ha acercado.
MATEO 10:7

En un reciente grupo de mujeres, una de las líderes realizó un tipo de actividad de conocimiento acelerado diseñado para ayudar a las nuevas en la organización a que conocieran a las que ya llevaban un tiempo. Cerca de veinte personas visitaron mi mesa. Respondí veinte veces a las mismas preguntas: nombre, cuánto tiempo he sido miembro, mi regalo favorito... ¿Regalo favorito? Cuando conté la historia por décima vez de mi regalo favorito, ya no disfruté contando la historia; pero, Señor, que nunca me canse de contar tu historia y cómo me salvaste.

Justo lo que necesitaba

La gracia sea con todos los que aman a nuestro Señor Jesucristo con amor inalterable. Amén.

EFESIOS 6:24

La gracia es una tremenda bendición que la mayoría de nosotras intentamos tratar de entender. Nos cuesta entender lo completa que es, su pureza, el increíble consuelo que ofrece. Pero Padre, es un regalo, una promesa, y no hay nada igual. Esto nos hace libres.

Esparce la Palabra

*Bienaventurado el que lee, y los que oyen
las palabras de esta profecía, y guardan
las cosas en ella escritas;
porque el tiempo está cerca.*

Las estadísticas me fascinan. Sólo esta semana
he leído que el cincuenta por ciento de los
hogares en América están vacíos de libros. Así
es, hay gente por ahí que no conoce el placer
de leer un libro. Dios, ¡eso incluye tu libro! Me
siento humilde por el regalo que me has dado.
Puedo tomar tu libro, leer tus palabras
y alentarme con tus promesas.

Adiós

Nunca sola

Y he aquí yo estoy con vosotros todos los días, hasta el fin del mundo.

MATEO 28:20

Suena como un oxímoron. ¿Es posible que exista un buen adiós? Decimos adiós a amigas, familiares, hogares; y a veces nos mudamos cerca de nuevos amigos, familiares, hogares más grandes, pero normalmente dejamos a personas y cosas a las que nos sentimos conectados. Jesús murió y muchos consideraron que su despedida fue para siempre; sin embargo, no fue un adiós definitivo porque volvió. Por ti y por mí.

La belleza está en los ojos del que mira

Y he aquí que yo estoy para entrar hoy por el camino de toda la tierra; reconoced, pues, con todo vuestro corazón y con toda vuestra alma, que no ha faltado una palabra de todas las buenas palabras que Jehová vuestro Dios había dicho de vosotros; todas os han acontecido, no ha faltado ninguna de ellas.

JOSUÉ 23:14

Oh, cómo valoro mi vida. Veo a mi marido, mi hijo, mi hogar y me siento bendecida. Luego me preocupo. ¿Les valoro más que a ti, Padre mío? ¿Realmente entiendo todo lo que me has dado y que aún vendrá? Yo también estoy para entrar por el camino de la tierra. ¿Estoy lista? ¿O soy como la mujer de Lot, y pienso demasiado en esta tierra? Padre, ayúdame a reconocer tus promesas. Ayúdame a correr hacia lo que vendrá.

Que nunca les olvidemos

*Yo buscaré la perdida, y haré volver
al redil la descarriada; vendaré la
perniquebrada, y fortaleceré la débil;
mas a la engordada y a la fuerte
destruiré; las apacentaré con justicia.*

EZEQUIEL 34:16

El guijarro golpeó el agua y se hundió. Las
ondas llegaron hasta el borde del charco, y en
pocos momentos la menguante evidencia de la
existencia de la piedra desapareció del todo.
Señor, a veces, cuando uno de tus seguidores
deja de asistir a las reuniones, es algo parecido
a esa piedra. Al principio algunas personas
lo notan e incluso hacen una llamada o le
envían una tarjeta, pero pronto la evidencia
de la existencia de ese cristiano desaparece del
todo. Señor, ayúdanos a acercarnos a nuestros
hermanos y hermanas que están luchando.
No dejes que nos olvidemos.

Misericordia

Palabras de labios

Porque si perdonáis a los hombres sus ofensas, os perdonará también a vosotros vuestro Padre celestial.

MATEO 6:14

A menudo, cuando alguien nos molesta, le guardamos rencor, e incluso cuando esa persona se arrepiente, recordamos su travesura y queremos reivindicar. Qué bonito sería si nosotros, como seres humanos, realmente supiéramos perdonar y olvidar al igual que nuestro Padre celestial perdona y olvida.

Está, está, desaparece

Lávame más y más de mi maldad,
y límpiame de mi pecado.
SALMO 51:2

Me siento en la mesa de picnic en la cabaña
de una amiga. Estoy rodeada de enormes
pinos, arbustos, rocas, la ilusión de lo salvaje.
Sólo veo otras tres cabañas a lo lejos, pero
puedo contar los postes de la luz: uno, dos,
tres... once en total. Si esto fuera un cuadro,
el artista no los hubiera pintado. Señor,
a veces me siento así con el pecado.
Fui creada a tu imagen, y me amas,
pero el pecado ha estropeado mi belleza.
Luego recuerdo que tú eres el artista
que me creó, y que tu gracia puede
lavar la evidencia de mis pecados.

Comprometida

Tu presencia supliqué de todo corazón;
ten misericordia de mí según tu palabra.
SALMO 119:58

David un hombre conforme al corazón de
Dios. Cómo anhelo entender, compartir,
obtener tales riquezas. Me humillo cuando
pienso en la relación de David con su Dios.
Yo también quiero buscar el rostro de Dios
con todo mi corazón. Quiero —anhelo—
la misericordia de Dios.

Cielo

Utopía

*Y he dicho: Yo os sacaré de la aflicción
de Egipto a la tierra del cananeo,
del heteo, del amorreo, del ferezeo,
del heveo y del jebuseo, a una
tierra que fluye leche y miel.*

ÉXODO 3:17

Señor, qué increíble debe de ser el cielo. Por
mucho que intentamos estar en el mundo y
no ser del mundo, somos bombardeados con
un lenguaje sucio, violencia, adicción. Somos
un pueblo que quiere cambiar a los demás;
queremos que sean fuertes, fieles, amables,
como Jesús. Cómo espero el cielo que
has preparado para tus seguidores:
una tierra sin pecado.

Inversión de papeles

*Bienaventurados aquellos siervos a
los cuales su señor, cuando venga,
halle velando; de cierto os digo que
se ceñirá, y hará que se sienten a
la mesa, y vendrá a servirles.*
Lucas 12:37

Muchas veces en la vida, he cambiado de
posición. Una vez tuve una mentora, y
ahora soy mentora. Una vez fui estudiante,
y ahora soy maestra. Siempre he notado las
bendiciones, habiendo sido dadora y receptora.
Soy una receptora no merecedora cuando se
trata de las recompensas de Dios. También soy
una dadora inadecuada; sin embargo,
la promesa se hizo para mí. Es
difícil imaginar una recompensa
mayor que el cielo.

Grito de guerra

*Y sabrá toda esta congregación que Jehová
no salva con espada y con lanza;
porque de Jehová es la batalla,
y él os entregará en nuestras manos.*
1 Samuel 17:47

Los rayos crujen y los truenos retumban, y
miro al cielo. A la derecha, veo cielos azules.
A la izquierda, veo nubes negras. Cuando
inician la batalla entre ellas, se oye el grito
de guerra de dos patrones del tiempo muy
diferentes. Nosotros somos el cielo azul.
Satanás y el pecado son las nubes negras.
El grito de guerra del trueno eres Tú, Señor,
advirtiendo a Satanás que se aleje.

Opciones

Ella es mi consuelo en mi aflicción,
porque tu dicho me ha vivificado.
SALMO 119:50

El toque de queda es a las diez en punto; la
película está clasificada R; la fiesta de los
vecinos siempre se escapa de las manos. La
tentación me llama, Señor, y aunque sé lo
que está bien y lo que no, lo bueno y lo malo,
y cómo decir no en lugar de decir sí, me
siento tentada. Sin embargo, por mucho que
mi naturaleza humana se incline a salirse
del carril, al final siempre estoy agradecida
después por saber distinguir lo que está bien
y lo que no, lo bueno de lo malo, y de
decir no en vez de decir sí.

Para que lo recoja

*Me regocijo en tu palabra como el que
halla muchos despojos.*

Salmo 119:162

Los despojos no es siempre algo negativo. A
veces es lo que el ganador recoge después de
una batalla. Es lo que le pertenecía a otro y
ahora te pertenece a ti. Señor, tú creaste el
cielo, y yo quiero el cielo. Por favor, dirígeme
hacia mi herencia, mi gran despojo.

Hogar

Camiones de mudanzas

Respondió Jesús y le dijo: El que me
ama, mi palabra guardará; y mi Padre
le amará, y vendremos a él,
y haremos morada con él.

JUAN 14:23

La habitación está vacía. Coloco mi mano
sobre la pared para decir adiós. Durante
más de una década, esta habitación albergó
mi cama, mi tocadiscos, mi ropa, mis libros,
bueno... a mí. Mudarse nunca es fácil, siempre
hay preocupaciones: ¿haré nuevas amigas?
¿Seré feliz? Señor, algún día me mudaré a
un lugar mejor, un lugar donde no hay
preocupaciones, ni cosas, y donde todos
serán amigos. No necesitaré hacer
ni una sola maleta.

Acurrucarse en el hogar

*Porque él me esconderá en su tabernáculo
en el día del mal; me ocultará
en lo reservado de su morada;
sobre una roca me pondrá en alto.*

SALMO 27:5

La lluvia cae del cielo. Poniendo su pata de manera tentativa contra la puerta mosquitera, el gato encuentra una libertad inesperada y sale a la humedad. Da unos cuantos pasos hasta que el frío, y el viento, y lo mojado le hace detener su marcha. ¡Eso no es libertad! Corre de nuevo adentro, al calor de la casa de su amo. Señor, ¡si reaccionáramos ante el pecado como el gato reaccionó ante la lluvia! Ayúdanos a volver siempre nuestros corazones en dirección a tu mansión celestial.

Pájaros de pluma

*Aun el gorrión halla casa, y la golondrina
nido para sí, donde ponga sus polluelos,
cerca de tus altares, oh Jehová de los
ejércitos, Rey mío, y Dios mío.*

SALMO 84:3

Si encuentro un pájaro muerto en el jardín
delante de mi casa, sé que el gato está
intentando de nuevo darme gracias por
alimentarle, por darle un hogar. El pájaro
muerto del jardín de atrás es otra historia.
A ese pájaro le tiró una tormenta, porque no
tenía heridas, o evidencia alguna de haber
sido maltratado. El gorrión estaba en perfecto
estado si no fuera por su falta de respiración.
Señor, tú me diste el aliento, y me guardas en
medio de las tormentas. Una vez más intento
darte las gracias por darme un hogar.

Destino final

En la casa de mi Padre muchas moradas hay; si así no fuera, yo os lo hubiera dicho; voy, pues, a preparar lugar para vosotros.

JUAN 14:2

Estaba poniendo en orden alfabético ideas cuando de repente noté que a la palabra cielo le seguía hogar. Qué perfecto. De repente, me siento de manera especial, en paz. Señor, el cielo es el hogar que has preparado para mí. Qué especial, cómo anhelo ese lugar.

Ojos abiertos de par en par

*Porque todo el que quiera salvar su vida,
la perderá; y todo el que pierda su vida
por causa de mí y del evangelio, la salvará.*
MARCOS 8:35

Señor, ¿qué es la vida sin ti? Las opciones que
el mundo secular ofrece son temporales
y vanas. El cielo es glorioso y eterno.
Señor, lo mejor del cielo eres tú.

¿Quién sería yo?

Mi porción es Jehová;
he dicho que guardaré tus palabras.
SALMO 119:57

Estaba viendo la película sobre el huracán Andrew. Devastador, Señor. En algunos casos, todo destruido. Es interesante notar las diferentes formas en que la gente reacciona ante la pérdida de las posesiones materiales. Algunos caían de rodillas, convencidos de que estaban siendo castigados, que la habían tomado con ellos o que habían sido elegidos de forma injusta. Otros, Señor, sabían que las cosas materiales son temporales y que no te habían perdido a ti. Nosotras no te hemos perdido a ti.

Un lugar mejor

Pero nosotros esperamos, según sus promesas, cielos nuevos y tierra nueva, en los cuales mora la justicia.

2 Pedro 3:13

Guerras, amenazas, recesiones, asesinatos. Cada día las noticias nos bombardean con los defectos de un mundo imperfecto. Padre, cada día fallamos. Qué agradecida estoy de que nos hayas prometido un lugar mejor.

Resoplaré

Bienaventurado el varón que soporta la tentación; porque cuando haya resistido la prueba, recibirá la corona de vida, que Dios ha prometido a los que le aman.

SANTIAGO 1:12

Los incendios incontrolados vinieron recientemente, y con ellos la destrucción de varios hogares. Una víctima les dijo a los reporteros que se sentía liberado de una forma extraña ahora que estaba, básicamente, sin hogar. Ese hombre reconoció lo que muchos de nosotros no alcanzamos a ver. No tenemos casa si pensamos que las paredes que nos cobijan en la tierra constituyen el hogar que tendremos. Dios nos ha hecho un hogar que no puede ser destruido.

Hogar, dulce hogar

Se anticiparon mis ojos
a las vigilias de la noche,
para meditar en tus mandatos.
SALMO 119:148

Mi auto llega a la cumbre de una montaña, y miro abajo a la ciudad. Está oscuro, y las luces de las empresas y hogares brillan. Una de esas casas es mía, y dentro están las personas que más quiero. Mientras recorro las millas finales de vuelta a mi casa terrenal, me acuerdo de mi hogar celestial. Me acuerdo porque tú estás en el auto conmigo.

Amor

Solo una madre

Como aquel a quien consuela su madre,
así os consolaré yo a vosotros.
Isaías 66:13

Echo de menos a mi madre. Ella —más que nadie— sabía cómo calmar mis tormentas. Cuando era pequeña y me asustaban las tormentas, el pobre papá terminaba durmiendo en mi camita mientras yo me acurrucaba junto a mi madre. Cuando estudiaba en la universidad, lejos de mi hogar, la voz de mamá al otro lado del teléfono era la que calmadamente decía: "No, el tornado no va a pasar por donde tú vives". Sus palabras eran suficientes para darme el ánimo que necesitaba. Señor, Tú estás ahí también para nosotros. Tú nos das fuerza cuando nos sentimos asustadas y solas.

Época de surf

Y los hombres se maravillaron, diciendo:
¿Qué hombre es éste, que aun los vientos
y el mar le obedecen?

MATEO 8:27

Las olas surgían continuamente, sin fin.
Una se levantaba; luego otra, interminables.
Señor, el océano envía el agua contra la
playa como tú envías tu amor interminable
y tu perdón a tus seguidores.

El principal consolador

Bendito sea el Dios y Padre de nuestro
Señor Jesucristo, Padre de misericordias
y Dios de toda consolación.
2 CORINTIOS 1:3

Cuando mi hijo era un bebé, había un periodo
de dos semanas durante el que se despertaba
treinta minutos después de haberle acostado.
Mi buen libro del bebé me aconsejaba dejarle
llorar o darle un poco de agua. Yo no hice
ninguna de las dos cosas, sino que entraba en
la habitación y le cargaba, y me quedaba allí
de pie con él en mis brazos. Así se volvía a
dormir, dejándome un sentimiento de que me
necesitaba y me amaba. Señor, a veces por la
noche, cuando no ocurre nada malo, sentimos
tu presencia abrazándonos, y nos sentimos
amados y necesitados.

El resplandor

Tú eres mi lámpara, oh Jehová;
mi Dios alumbrará mis tinieblas.
2 Samuel 22:29

A veces, Señor, vemos el amor como si fuera
una bombilla. Es una entidad definida; está
ahí para vencer a las tinieblas, guiarnos y
alumbrar nuestras vidas. Sin embargo, a
veces puede o bien atenuarse (defraudar) o
deslumbrarnos (derrotar). Señor, tú eres una
luz sin igual. Tú nos guías por el camino
hacia una vida mejor, donde no seremos ni
defraudados ni derrotados. Tu amor
nunca se atenúa.

El maullido del gato

*Porque todo aquel que invocare
el nombre del Señor, será salvo.*
ROMANOS 10:13

El maullido cada vez era más fuerte, más
frenético, porque mi gata quería el desayuno,
horas antes de que se necesite desayunar.
Ignorar el llanto no sirve, porque esta gata no
tiene control de volumen. Con los ojos llorosos,
coloco la lata de comida de gato en el suelo y
veo comer a mi felino. Verdaderamente estaba
hambrienta, y realmente estaba dispuesta
a llamar mi atención. Y como le amo,
abandoné mi cama horas antes de lo
necesario. Señor, sólo tengo que
susurrar para tener tu atención.

Todas mis necesidades

Desead, como niños recién nacidos,
la leche espiritual no adulterada,
para que por ella crezcáis para salvación.
1 PEDRO 2:2

En la oscuridad de la noche, mi bebé llora, y
yo descanso en la oscuridad. A veces el lloro
disminuye tras un minuto y me felicito por mi
paciencia. Otras veces continúa, y me bajo de
la cama y me dirijo a la cocina a por su
vaso de agua. Señor, tú oyes mis lloros
y sabes exactamente lo que necesito.
Tú eres mi vaso de agua.

El mejor momento

*Para que sean consolados
sus corazones, unidos en amor,
hasta alcanzar todas las riquezas
de pleno entendimiento, a fin de conocer
el misterio de Dios el Padre, y de Cristo.*

COLOSENSES 2:2

Biberón en mano, calladamente entro en la
oscura habitación de mi hijo. Él comienza
a estirarse por alcanzar su biberón y luego
cambia de idea. Primero me quiere a mí, y
luego su biberón. Veo el entendimiento, el
amor, la confianza en sus ojos. Oh Señor,
permítenos entenderte, amarte, confiar
en ti con la inocencia de un niño
que sabe que es amado.

Eternamente y siempre

Venga a mí tu misericordia, oh Jehová;
tu salvación, conforme a tu dicho.
Salmo 119:41

Los niños no eligen su familia terrenal, y
demasiados niños no experimentan una vida
del tipo "y fueron felices". Nosotras, como
hijas de Dios, podemos escoger tener una
familia celestial, un hogar celestial. Señor,
te damos gracias por ser un Padre que está
constantemente y que nos da la bienvenida a
una vida del tipo "y fueron felices".

Cuando mi padre me llama

El Señor no retarda su promesa,
según algunos la tienen por tardanza,
sino que es paciente para con nosotros,
no queriendo que ninguno perezca,
sino que todos procedan al
arrepentimiento.

2 PEDRO 3:9

En el parque de juegos, oí un aluvión continuo de: "Miguel, no... Ven aquí Miguel... Cuidado Miguel..." Quiero encontrar a ese Miguel y girarlo en dirección a su padre. El Señor es como ese padre, llamándonos, y esperando a que finalmente nos volvamos para escuchar sus promesas.

Sí, quiero

No faltó palabra de todas las buenas
promesas que Jehová había hecho a la
casa de Israel; todo se cumplió.
JOSUÉ 21:45

No era el mejor momento para una boda de
última hora. La iglesia estaba decorada para las
vacaciones de la escuela bíblica. Todo el edificio
tenía el ambiente de una carrera de coches. La
novia y el novio estaban rodeados de ruedas
de mentira y latas de aceite vacías, pero no
les importaba. Se estaban prometiendo el uno
al otro para siempre. Señor, tú también te
prometiste para siempre con un pueblo rodeado
de imperfecciones. Gracias, Padre.

Recuerdos

Nunca demasiados

Porque de esta manera os será otorgada
amplia y generosa entrada en el reino eterno
de nuestro Señor y Salvador Jesucristo.
2 PEDRO 1:11

El camino cerca de la cabaña de mi amiga
solía ser de tierra. En aquel entonces sólo
unas pocas cabañas llamaban a esa área hogar.
Luego pavimentaron el camino, y pronto surgió
la civilización. Señor, los locales extrañan los
días de antaño cuando un paseo a mediodía
nunca se veía interrumpido por el paso de un
auto. Sin embargo, la arremetida de los nuevos
trajo la electricidad, las tiendas, e incluso el
sonido de la risa de los niños. Me hace pensar
en cómo damos la bienvenida a los visitantes. A
veces nos gusta nuestra iglesia tal y como está.
Nos da miedo el cambio. Gracias por un hogar
celestial que es del tamaño justo para todos.

Bien y mal

*El que quiera hacer la voluntad de Dios,
conocerá si la doctrina es de Dios,
o si yo hablo por mi propia cuenta.*
JUAN 7:17

Hace años, me empecé a interesar por un
chico en la iglesia. Al mismo tiempo, la señora
anciana de la casa de al lado comenzó a venir
a la iglesia conmigo. Llevarla significaba no
sentarme con el grupo de jóvenes, no sentarme
junto a ese joven. Tras unos meses, la relación
se apagó. Ahora sé dónde está ese joven, y
no es en mi iglesia. Estoy muy agradecida
de haber escogido la mayordomía,
incluso cuando no era conveniente.

Oportunidades de objetos perdidos

*Con un poco de ira escondí mi rostro de
ti por un momento; pero con misericordia
eterna tendré compasión de ti,
dijo Jehová tu Redentor.*

ISAÍAS 54:8

Señor, hubo un tiempo durante mi juventud
cuando, para mí, ser cristiana era ser una
pazguata. Hoy lamento haber sido tan débil y
haber ocultado mi luz de forma intencionada.
Gracias, Padre, por tu compasión. Hoy llevo
la placa de cristiana con orgullo. Conozco
tu promesa y quiero que otros también la
conozcan. Llevo mi luz delante de mí, y con
tu compasión y ayuda, espero que
más amigas mías te conozcan.

Lo que dijo la silla vacía

Las doce puertas eran doce perlas; cada una de las puertas era una perla. Y la calle de la ciudad era de oro puro, transparente como vidrio.

APOCALIPSIS 21:21

En una comida reciente del Día de Acción de Gracias faltaba mi sobrino. Trabaja en un restaurante. Cuando yo era de su edad, también trabajaba en un restaurante. ¿La diferencia? Hace treinta y tantos años, los restaurantes cerraban para que sus empleados pudieran pasar tiempo con la familia. Hoy día, cada vez más negocios abren. El todopoderoso dinero está ganando. Padre, cuando leo tu libro, no se habla de dinero en el cielo. Señor, gracias por tu promesa de un lugar donde no habrá más lágrimas, ni dolor, ni hambre, ni más pecado... ya no ganará más el todopoderoso dinero.

Lágrimas en mi almohada

Porque Cristo para esto murió y resucitó,
y volvió a vivir, para ser Señor así
de los muertos como de los que viven.
ROMANOS 14:9

En medio de la noche, mi gata de veinticuatro años, Priscila, se sube a la cama y llora. Su tono quejumbroso me despierta. Mi marido quiere darle de comer, pero yo sé que no es de hambre. Ha estado maullando los últimos seis meses porque extraña a su compañero Aquila, nuestro gato que murió hace seis meses. La tristeza que siente este animalito no es nada comparado con el dolor que deberíamos sentir cuando recordamos la muerte de nuestro Salvador. Sin embargo, ¡también hay gozo sabiendo que le volveremos a ver!

Biografías

Entonces dije: He aquí que vengo, oh Dios,
para hacer tu voluntad, como en
el rollo del libro está escrito de mí.
HEBREOS 10:7

Los detalles del nacimiento de un niño se pueden debilitar, pero siguen estando cerca del corazón de una madre. Muchos de los relatos de Jesús se escribieron décadas después de su muerte. Los detalles de la vida de nuestro Señor nunca se debilitan, y siempre deberían estar tan cerca de nuestros corazones como lo estaban de los corazones de los hombres que escribieron los relatos inspirados. Él murió para que pudiéramos vivir.

Mañana

El hacedor de los días

Me hiciste conocer los caminos de la vida;
me llenarás de gozo con tu presencia.
HECHOS 2:28

La mañana me llama. Estoy de pie en la
puerta trasera y veo la hierba verde y vibrante,
y me imagino el aire fresco y cómo se sentirá
en mi piel. Tengo un libro que leer, y la nevera
está llena de refrescos; sin embargo hay que
hacer también la colada, cargar el lavavajillas
y hacer la compra. Hoy escojo el camino
responsable. Mañana puede que no sea tan
aplicada. Señor, tú estás conmigo ya
sea que trabaje o que me divierta.

El conversador

Oh Jehová, de mañana oirás mi voz;
de mañana me presentaré delante
de ti, y esperaré.
SALMO 5:3

Antes de las 7:00 de la mañana hay muy poco tráfico. Antes de las 7:00 está el tan deseado sitio para estacionar. Antes de las 7:00 la casa, la ciudad, el lugar de trabajo están tranquilos. Qué buen momento para hablar contigo.

Noche

No hay necesidad de contar ovejas

*Bendito sea Jehová, que ha dado paz a su
pueblo Israel, conforme a todo lo que
él había dicho; ninguna palabra de todas
sus promesas que expresó por
Moisés su siervo, ha faltado.*

1 REYES 8:56

Hay veces, Señor, en que me acuesto en
mi cama, cierro los ojos y me duermo
inmediatamente. Me despierto a la mañana
siguiente descansada. Hay otras veces, Señor,
en que los eventos del día, la semana, el mes,
me acompañan hasta la cama y me acuesto
turbada. Señor, siendo tú mi amigo, ¿cómo
puedo preocuparme por mis enemigos?
Tú me cuidas constantemente.

Horas crepusculares

Y él dijo: Mi presencia irá contigo,
y te daré descanso.
ÉXODO 33:14

Mi marido se va para trabajar su turno de
noche. Yo me quedo a ver la televisión, leer,
coser y vagar por la casa. Es gracioso... durante
mis años de soltera, me quedaba despierta
porque quería. Ahora, durante mis años de
casada, me quedo despierta para intentar llenar
el espacio vacío creado por la ausencia de mi
esposo. Pero el vacío que siento cuando él se va
no es nada comparado con el vacío que sentiría
si no te tuviera a ti. Gracias, Padre, por estar
ahí cuando veo la televisión, leo, coso
y vago por la casa.

En el asiento del conductor

Porque estrecha es la puerta,
y angosto el camino que lleva a la vida,
y pocos son los que la hallan.
MATEO 7:14

Las luces de los autos me alumbran cuando viajo por la carretera de noche. ¿Quiénes son esas personas que están despiertas tan tarde? ¿Por qué no están en su casa? Es donde yo estaría. Mis luces brillan en la oscuridad, ayudándome a ver, guiándome. Señor, tú eres la principal luz que debería seguir. Cuando me adentre en la oscuridad, por favor guíame a casa.

Nutrir

Tuya cuando me pidan

Dad, y se os dará; medida buena, apretada, remecida y rebosando darán en vuestro regazo; porque con la misma medida con que medís, os volverán a medir.

LUCAS 6:38

La mujer me pidió que la llevara a su casa en el auto. Estábamos en una gasolinera llena de gente, y decía que estaba a punto de desmayarse. Mencionó algo de su nueva medicación. Señor, es una desconocida pidiendo ayuda. Yo le ofrecí pagarle un taxi, pero cuando se dio cuenta de que me dirigía dentro de la gasolinera para llamar y pagarle al dependiente, se fue apresuradamente. Señor, quiero ser de ayuda para tus hijos. Dame la sabiduría para ayudar y no herir, para ayudar y no obstaculizar, para hacer lo que Jesús haría.

Los ojos de un niño

Presentándote tú en todo como ejemplo de buenas obras; en la enseñanza mostrando integridad, seriedad, palabra sana e irreprochable, de modo que el adversario se avergüence, y no tenga nada malo que decir de vosotros.

TITO 2:7–8

Camino hasta la puerta de la cuidadora, y llamo. A mi lado, mi hijo de un año me imita y también llama. Unos minutos después, estornudo y él también, ¡incluso tapándose la boca! Señor, cada día la gente me ve: lo que hago y lo que digo. Debería tener tanto cuidado con el ejemplo que les doy como con el ejemplo que le doy a mi hijo. Abre mis ojos al mundo que me rodea y a las almas sedientas que conozco cada día.

Imagen del espejo

Tierra de la cual Jehová tu Dios cuida;
siempre están sobre ella los ojos de
Jehová tu Dios, desde el principio
del año hasta el fin.

DEUTERONOMIO 11:12

El asiento para niños que tengo en el asiento
trasero de mi auto solía mirar hacia atrás.
No podía ver a mi hijo mientras conducía,
así que me compré un espejo especial que me
permitía ver su reflejo, para asegurarme de
que estuviera bien. Luego él llegó a la edad y
el peso requeridos para un asiento orientado
hacia adelante. Compré un espejo especial
que se coloca bajo mi espejo retrovisor. Está
constantemente fijo en él. Señor, al igual
que con mi hijo, si miramos, tú estás ahí,
manteniendo tu mirada en nosotros
todo el tiempo, para asegurarte
de que estamos bien.

Él pagó una deuda que no tenía

*Ya que Jehová tu Dios te habrá bendecido,
como te ha dicho, prestarás entonces a
muchas naciones, mas tú no tomarás prestado;
tendrás dominio sobre muchas naciones,
pero sobre ti no tendrán dominio.*

DEUTERONOMIO 15:6

Oímos historias tan a menudo de los que se
meten en una situación económica tan apurada
que tienen que llamar al teléfono 1-800—
SacaMeDeLaDeudaAhora. Hay un dicho
que reza: Que nunca sea ni deudor ni
prestamista. Pero nuestro Padre nos dice que
demos nuestra túnica si nos la piden, y eso es
porque le tenemos a Él. No somos pobres,
porque estamos bendecidos por la Palabra.
Tenemos mucho que dar, y necesitamos
reconocer que el dinero es lo menos
que tenemos para ofrecer.

Mi Padre celestial

Mirad cuál amor nos ha dado el Padre,
para que seamos llamados hijos de Dios;
por esto el mundo no nos conoce,
porque no le conoció a él.

1 JUAN 3:1

Nunca estoy sola. Tú, Señor, estás siempre a mi lado. Conoces mis pensamientos, mis deseos, mis temores, mis dones. Ayúdame a recordar tu presencia y a escuchar siempre tus tiernas palabras de sabiduría.

Pasa las hojas

Sumamente pura es tu palabra,
y la ama tu siervo.
SALMO 119:140

Las promesas se hacen con palabras. Tú, Señor, eres la Palabra. Cuando estudiamos tu Palabra, somos confortadas y nos gozamos. Cuando leo la historia de Jesús en la cruz, me pierdo al intentar comprender el dolor que Él sufrió, pero sé que sufrió por mí, para que yo, una gentil, pudiera esperar un hogar celestial.

Señor, gracias que tus palabras son conforme a tus promesas para mí.

Adelante, Soldados Cristianos

Las arenas del tiempo

*Y he aquí que yo estoy para entrar hoy por
el camino de toda la tierra; reconoced, pues,
con todo vuestro corazón y con toda vuestra
alma, que no ha faltado una palabra de
todas las buenas palabras que Jehová vuestro
Dios había dicho de vosotros; todas os han
acontecido, no ha faltado ninguna de ellas.*

JOSUÉ 23:14

Muchas veces nos dejamos llevar. Vamos a la
iglesia; nos apartamos. Leemos la Biblia; la
Biblia se llena de polvo. Hablamos con Dios;
hablamos chismes de nuestras amigas. No
importa las batallas que afrontemos, el mejor
lugar y momento para lucharlas es con
Dios de nuestro lado, guiándonos
constantemente hacia un
lugar mejor.

Ser como las hormigas

*Lo que pasó, ya antes lo dije, y de
mi boca salió; lo publiqué,
lo hice pronto, y fue realidad.*

ISAÍAS 48:3

Señor, ¿cuántas veces nos desbordamos?
Intentamos ser todo para todos y terminamos
decepcionando a otros, al igual que a nosotros
mismos y a ti. Señor, ayúdanos a ser confiables.
Permítenos hacer nuestras tareas lo mejor que
podamos y demostrar un trabajo bien hecho.

Si las raíces son profundas...

*Porque será como el árbol plantado junto
a las aguas, que junto a la corriente
echará sus raíces, y no verá cuando viene
el calor, sino que su hoja estará verde;
y en el año de sequía no se fatigará,
ni dejará de dar fruto.*

JEREMÍAS 17:8

Recientemente, mientras trabajaba en una vieja
cabaña, mi marido abrió la vía de desagüe y
descubrió por qué el lavabo no tragaba.
Dentro de la tubería de desagüe había un gran
enredo de las raíces de los árboles. Las raíces
de un pino cercano buscaron la fuente de
agua y descubrieron un oasis. Señor, espero
que mis raíces estén tan dedicadas a encontrar
tu agua eterna como ese pino se
metía en el agua de la cabaña.

Sí, mi capitán

Ayúdanos, oh Dios de nuestra salvación,
por la gloria de tu nombre; y líbranos,
y perdona nuestros pecados
por amor de tu nombre.

SALMO 79:9

El letrero en el frente del edificio de la iglesia dice que UN CAPITÁN SIN UNA BRÚJULA ESTÁ PERDIDO. La implicación es que el hombre sin Dios está perdido. Señor, ayúdanos a no perder de vista la Tierra Prometida. Mantennos siempre sedientos de conocerte y seguirte. Mantennos moviéndonos hacia adelante y que nunca nos perdamos.

Tú puedes

*Con tal que acabe mi carrera con gozo,
y el ministerio...para dar testimonio del
evangelio de la gracia de Dios.*
HECHOS 20:24

Mi hijo lanza su vasito de beber sobre su casita
de juguete y luego comienza a llorar. Cuando
se da cuenta de que nadie va a aparecer por
arte de magia para darle su vasito, agarra su
cochecito de carreras y se lo lanza al vasito.
Unos minutos después, su vasito está seguro
en su sucio puñito, y ahora es su cochecito el
que está encima de su casita. Pero tiene lo que
necesita perdiendo lo que no necesita.
Señor, permítenos hacer lo mismo
cuando te sigamos.

En el camino de otros

Y les dijo: Venid en pos de mí,
y os haré pescadores de hombres.

MATEO 4:19

El auto que tengo delante frena, acelera,
vuelve a frenar, y esta vez a paso de tortuga,
y finalmente, tras dudar un instante, gira.
Regreso al límite de velocidad, justo a tiempo
para detenerme ante una luz roja que no
hubiera tenido si el conductor anterior hubiera
sabido hacia donde iba. ¿Cuántas veces
tropezamos porque hemos seguido a alguien
que estaba perdido? Señor, ayúdame a seguirte.

Las manos ayudadoras de Dios

Ahora pues, Jehová Dios, confirma para siempre la palabra que has hablado sobre tu siervo y sobre su casa, y haz conforme a lo que has dicho.

2 Samuel 7:25

A veces olvidamos dejar que Dios sea la fuente de fortaleza en nuestras vidas. Pensamos que debemos hacerlo todo nosotras. Padre, no importa cuánto y con qué frecuencia tropezara el rey David, él seguía con su mirada en ti. Señor, recuérdanos que no dudemos nunca de la salvación que nos has prometido. Nos dirigimos hacia un lugar mejor.

Paciencia

La niña de papá

Tampoco dudó, por incredulidad, de la promesa de Dios, sino que se fortaleció en fe, dando gloria a Dios.

ROMANOS 4:20

Cuando era niña, justamente antes de las 5:00 de la tarde, a menudo esperaba delante de la puerta mosquitera a que mi papá apareciera por la calle y entrara en nuestro aparcamiento para salir corriendo a recibirle. Era lo mejor del día. Nunca dudé de su regreso, y a medida que el minutero del reloj se acercaba más a la hora de su llegada, yo me emocionaba cada vez más. Él raras veces llegaba tarde, y, cuando lo hacía, yo seguía esperando en la puerta mosquitera, porque yo quería. Quiero esperar y correr hacia el prometido regreso del Señor con una gran y alegre anticipación.

Lugar y tiempo

Enséñame a hacer tu voluntad,
porque tú eres mi Dios; tu buen espíritu
me guíe a tierra de rectitud.

SALMO 143:10

Se quedó un sitio libre para estacionar en el carril que tenía al lado. Comienzo a mover mi auto despacio, pero otro auto entra volando en el hueco. En vez de estar agradecida de no haber golpeado al otro vehículo, me molestó no haber podido estacionar donde yo quería. Señor, necesito cambiar la forma en que veo las oportunidades. Si una forma no funciona, debería buscar otra sin perder tiempo y energía lamentándome por la oportunidad perdida. Señor, ayúdanos a ver que nuestro lugar en la vida es acorde a tu tiempo y tu voluntad.

Tú nos guías con amabilidad.

Entregar la mano

Has cambiado mi lamento en baile.
SALMO 30:11

Me casé tarde. Durante veinte años vi que
mis amigas se casaban, tenían hijos, llevaban
la vida que yo pensaba que debería llevar, y
me preguntaba qué ocurría conmigo. Hoy
me estremezco al pensar lo que podría haber
ocurrido si me hubiera casado durante esos
veinte años, cuando todavía era tan débil en la
fe y estaba tan perdida. Señor, te damos gracias
por los matrimonios fuertes y los deseos
fuertes de hacer lo correcto.

Lo que realmente queremos

Y les apareció Elías con Moisés,
que hablaban con Jesús.

MARCOS 9:4

¡Moisés y Elías! ¡Realmente! ¿Aparecieron años después de sus muertes y hablaron con Jesús? Sorprendente. Yo solía sentir lástima por Moisés. Pensar que guió al pueblo, caminando durante años, y sin embargo no pudo entrar en la Tierra Prometida aquí en la tierra. Pero él verdaderamente habló y caminó con Dios. La Tierra Prometida que fluye leche y miel palidece en comparación con el cielo. Oh Padre, ¡qué gozo saber que algún día hablaremos y caminaremos con Jesús!

Esperando la continuación

Mantengamos firme, sin fluctuar,
la profesión de nuestra esperanza,
porque fiel es el que prometió.
HEBREOS 10:23

La esperanza es un concepto intrigante.
Ha ayudado a muchos navegantes perdidos
a soportar la tormenta, y también ha
malgastado el tiempo de muchas almas
errantes. La gente compra billetes de lotería,
esperando un dinero caído del cielo. El otro
día vi a dos niños jugando a que estaban en el
cine. La pantalla no era de verdad, ni había
película que ver ese día ni ningún otro día;
sin embargo, los niños miraban fijamente,
hipnotizados, a la pantalla. Estaban esperando
en vano. Nosotras, que somos cristianas,
no estamos esperando en vano.

Lo quiero ahora

Y diciendo: ¿Dónde está la promesa de su advenimiento? Porque desde el día en que los padres durmieron, todas las cosas permanecen así como desde el principio de la creación.

2 Pedro 3:4

En algunas prendas de ropa hay una etiqueta con la talla que dice TALLA PARA TODOS. Muchos clientes creen la etiqueta. Recientemente, se ha añadido una palabra a la etiqueta TALLA PARA CASI TODOS. La primera etiqueta decía algo falso. Las palabras de Dios no son falsas; nunca cambian, pues son eternas. Él ha prometido que volverá a buscar a todos los que le siguen.

Paz

Abre tus oídos

Escucharé lo que hablará Jehová Dios;
porque hablará paz a su pueblo y a sus
santos, para que no se vuelvan a la locura.

SALMO 85:8

Tenía yo unos treinta años cuando entendí bien
la parábola del hijo pródigo. Antes, comprendía
de todo corazón el dilema del hijo mayor.
Irónicamente, en la vida, yo era el hijo pródigo.
Señor, estoy muy agradecida por las lecciones
de los maestros experimentados. Mientras
crezco en tu conocimiento, entiendo más
la importancia de mantener mis pies
firmemente en el camino de
la redención.

Buscador de tormentas

Despertando él, reprendió al viento y a las olas; y cesaron, y se hizo bonanza.

LUCAS 8:24

La tormenta se desató cuando estábamos a dos horas de casa. Durante unos treinta minutos, la lluvia golpeaba contra el parabrisas y los truenos retumbaban. Después salió el sol. Cuando llegamos a nuestra casa, nos preparamos de nuevo para la tormenta. Y sí, las nubes negras aparecieron, y los relámpagos, y los truenos volvieron a retumbar; y todo volvió a desaparecer. La tormenta, que había tenido tanta fuerza, no siguió dando guerra; y ahora, en la distancia, se veía un arco iris. Señor, a veces el pecado es como esa tormenta. Puede rodearnos, ponernos en peligro; pero si corremos hacia ti, perderá su poder.

Aflicciones de la preocupacion

Y la paz de Dios, que sobrepasa todo
entendimiento, guardará vuestros corazones
y vuestros pensamientos en Cristo Jesús.
FILIPENSES 4:7

¡Imagínate no volver a sentirte ansiosa nunca
más! Algunas personas nacen ya preocupadas.
Yo soy una de ellas. Me preocupo por ser
amable, por si le caeré bien a la gente, por
hacer un buen trabajo. No hay nada por
lo que no me preocupe. Mi tendencia a la
preocupación no le ha añadido ni un solo día
a mi vida, no ha resuelto ni un solo problema,
ni me ha hecho ser mejor persona. Señor,
ayúdame a entregarte mis preocupaciones.
Permíteme experimentar la paz de Dios.

¿Quién detendrá la lluvia?

Entonces, levantándose [Jesús],
reprendió a los vientos y al mar;
y se hizo grande bonanza.
MATEO 8:26

Cae la lluvia y me recuerda el limpiaparabrisas que tengo que cambiar. ¿Por qué sólo me acuerdo de él en las tormentas? A veces, Señor, eres como ese limpiaparabrisas. La mayoría de las veces acudo a ti cuando las tormentas de la vida me rodean, y tú calmas las tormentas.

¿Así que quieres ser escritora?

No tenga tu corazón envidia de los pecadores, antes persevera en el temor de Jehová todo el tiempo; porque ciertamente hay fin, y tu esperanza no será cortada.

PROVERBIOS 23:17–18

Señor, hace años sentí el llamado a ser escritora y, como una muñeca, fui en todas las direcciones en que pensaba que debía ir. Me olvidé de mirarte a ti para saber qué querías que hiciera con esta pasión. Desperdicié años intentando encontrar mi lugar. Mi lugar estuvo siempre contigo. En el momento en que acepté el llamado que tenías para mí, las demás cosas encajaron.

Abundancia

Nómbralos uno por uno

*Hay bendiciones sobre la cabeza del
justo; pero violencia cubrirá la
boca de los impíos.*
PROVERBIOS 10:6

Cuando era más joven, la idea de comer fuera
o ir al cine yo sola no me atraía, porque la
gente me miraría y pensaría que no tenía
amigas. Hoy, con las demandas de una familia,
un trabajo, y una vida llena de actividades, la
comida solitaria en un restaurante de comida
rápida con un libro delante es un lujo; salvo
que cuando me siento a disfrutar de la paz, me
estoy perdiendo las bendiciones que tú me has
dado: mi familia, mi trabajo, mis tareas.

A un pastelito de chocolate de distancia

Al que venciere y guardare mis obras
hasta el fin, yo le daré autoridad
sobre las naciones.

APOCALIPSIS 2:26

Uno de los pecados contra los que lucho es la glotonería. Normalmente pienso en lo que voy a comer a medio día mientras desayuno. Señor, hay un momento en que sé que estoy llena; pero si hay comida en el plato, y especialmente si la comida por casualidad es, digamos chocolate, como más allá del punto de disfrutar. ¿Qué me ocurre? Señor, ayúdame a cambiar, ayúdame a saber cuándo es suficiente. Ayúdame a dejar el tenedor y recoger la mesa.

Ven a la fiesta

A los ricos de este siglo manda que no sean altivos, ni pongan la esperanza en las riquezas, las cuales son inciertas, sino en el Dios vivo, que nos da todas las cosas en abundancia para que las disfrutemos.

1 Timoteo 6:17

Ummm, la carne de cangrejo congelada en mi nevera caducó hace dos años. ¡Dos años! ¿Dónde se fue el tiempo? Sabía que la carne de cangrejo estaba ahí, ¿pero dos años? ¡Dos años! Señor, vivo en la tierra de la abundancia; tanta abundancia que, de hecho, tiro comida. Gracias, Señor, por suplir mis necesidades. Ayúdame a cuidar mejor de lo que me has dado. Ayúdame a compartir con generosidad.

Oraciones

El Padre sabe qué es lo mejor

Dios no es hombre, para que mienta, ni hijo de hombre para que se arrepienta. El dijo, ¿y no hará? Habló, ¿y no lo ejecutará?
NÚMEROS 23:19

Hay una canción country titulada "A veces le doy gracias a Dios por las oraciones no contestadas". Tiene un mensaje muy bueno. Lo que dice es que Dios sabe qué es lo mejor para nosotros, y a veces su respuesta a una oración es no. Amado Señor, gracias por tener la sabiduría para saber cuándo decirme no.

Amar lo que no se puede amar

No fortalecisteis las débiles, ni curasteis la enferma; no vendasteis la perniquebrada, no volvisteis al redil la descarriada, ni buscasteis la perdida, sino que os habéis enseñoreado de ellas con dureza y con violencia.

EZEQUIEL 34:4

En el lugar de trabajo, una compañera puede marcar la diferencia, especialmente cuando no está. Hoy no vino Broomhilda. ¡El trabajo fue un aburrimiento! Nadie llegó tarde, me miró, hizo preguntas que no tenían nada que ver con el asunto, o molestó a sus compañeras. Después, Padre, de vuelta en mi oficina, miro mi calendario donde tengo escrito: orar por las compañeras. Más que nadie, Broomhilda necesita mis oraciones. Inclino mi cabeza para orar por ella. Espero que alguien se preocupe de orar por mí.

Sus necesidades contra las mías

No os hagáis, pues, semejantes a
ellos; porque vuestro Padre sabe
de qué cosas tenéis necesidad,
antes que vosotros le pidáis.

MATEO 6:8

Hubo un tiempo en que cada momento libre
que tenía era una oportunidad para orar.
Estaba orando fervientemente por una cosa.
Ahora extraño esos días; los días en que estaba
en constante comunión con Dios porque tenía
una necesidad. Para mí es increíble, Señor, que
oigas nuestras oraciones ya sea que pidamos
una vez o lo hagamos continuamente. A veces
tenemos que hacer ciertas oraciones, hacer
ciertas peticiones una y otra vez, pero tú
nos oyes desde la primera vez.

Dominio Propio

Una mentira es una mentira es una mentira es una mentira es...

Porque os es necesaria la paciencia, para que habiendo hecho la voluntad de Dios, obtengáis la promesa.

HEBREOS 10:36

El diccionario define perseverancia como "una búsqueda para terminar una idea, propósito o tarea a pesar de los obstáculos". Padre ayúdanos a correr hacia el fruto del Espíritu. Las ideas, propósitos, tareas parecen muy atractivas, pero como somos humanos, a menudo la tentación nos desvía. Ayúdanos a dejar atrás los caminos de los cretenses.

Tomarse el tiempo

*Escudriñad las Escrituras; porque a
vosotros os parece que en ellas tenéis la
vida eterna; y ellas son las que
dan testimonio de mí.*
JUAN 5:39

Señor, a veces cuando me apresuro a borrar
los muchos emails que llenan mi cuenta,
accidentalmente borro cosas importantes. En
mi juventud, me pasaba eso con la Biblia.
Para llenar mis días con otras actividades,
corría leyendo tu Palabra, y me perdía muchas
lecciones importantes, lecciones que necesitaba
desesperadamente. Gracias, Señor, por hacerme
entender la importancia de leer tu Palabra
y no borrarla de mi vida.

No todo lo que brilla es oro

*Otra vez le llevó el diablo a un monte muy
alto, y le mostró todos los reinos del mundo
y la gloria de ellos, y le dijo: Todo esto te
daré, si postrado me adorares. Entonces
Jesús le dijo: Vete, Satanás, porque
escrito está: Al Señor tu Dios adorarás,
y a él sólo servirás.*

MATEO 4:8–10

Hay un nuevo centro comercial en mi ciudad
natal. Las tiendas son modernas y relucientes,
las fuentes de agua y los servicios atienden a
una multitud más demandante. A unas pocas
millas queda el antiguo centro comercial.
Sufre la enfermedad de la comparación. Señor,
Satanás nos ofrece una opción que parece
nueva y brillante. En verdad, no ofrece más
que desesperación. Ayúdame a no caer
nunca en la tentación.

Piénsalo dos veces

En las muchas palabras no falta pecado;
mas el que refrena sus labios es prudente.
PROVERBIOS 10:19

La rama del sauce llorón que se usaba para disciplinar fue relegada a una esquina, mucho antes de que los niños de la casa llegaran a la edad en la que ya no se les podía disciplinar así. Años después, una de las hijas finalmente preguntó: "¿Por qué?". La madre respondió: "Un día, mientras la estaba usando, me di en la pierna con ella, y experimenté lo mucho que duele". Señor, a menudo herimos a otros, y otros nos hieren a nosotras. El arma que tenemos son las palabras. Ayúdanos a frenar nuestra lengua, Señor, porque cuando la usamos para herir a otros, nos hacemos más daño a nosotras mismas.

Busca y hallarás

Reconoce al Dios de tu padre, y sírvele con corazón perfecto y con ánimo voluntario... Si tú le buscares, lo hallarás; mas si lo dejares, él te desechará para siempre.
1 Crónicas 28:9

Meto mi mano en el bolso; las llaves del auto tienen que estar dentro. Exasperada, vuelco mi bolso y el montón de cosas de una mujer, madre, esposa y empleada cae sobre la mesa. Tras apartar los recibos, el monedero, los lápices, etc., encuentro mis llaves. Señor, a veces nuestras vidas se llenan tanto de actividades diarias de mujeres ocupadas, madres, esposas y empleadas que te perdemos de vista. Señor, ayúdanos a mantenerte siempre a la vista. Te necesitamos.

Precaución

El camino del perezoso es como seto
de espinos; mas la vereda de los
rectos, como una calzada.

PROVERBIOS 15:19

El tráfico por la mañana está detenido. El
carril rápido es cualquier cosa menos rápido.
La cuneta parece atractiva. ¿Acaso alguien se
dará cuenta, se preocupará, seguirá, o debería
aventurarme a ir por fuera de la carretera?
Señor, a veces nos desviamos de la carretera de
la justicia. Señor, tú te das cuenta, te preocupas
cuando no lo estamos haciendo bien. El único
camino seguro y recto es seguirte a ti.

No todo el menú

*Amados, yo os ruego...que os abstengáis de
los deseos carnales que batallan contra el
alma, manteniendo buena vuestra manera de
vivir entre los gentiles; para que en lo que
murmuran de vosotros como de malhechores,
glorifiquen a Dios en el día de la visitación,
al considerar vuestras buenas obras.*

1 Pedro 2:11-12

El cupón valía por unos entrantes, comida y
postre. Me las arreglé para que los entrantes
y la comida fueran justas, pero luego llegó
el postre. El postre es mi parte favorita de
cualquier comida. No obstante, ¿sería capaz de
disfrutar de ese postre? ¿Necesitaba ese postre?
A veces, Señor, hacemos cosas sólo porque
podemos, no porque debemos. A veces, Señor,
no hacemos lo obvio, lo sensato. Señor, danos
la sabiduría para pensar bien las cosas
y hacer lo que es mejor para nuestro
cuerpo y nuestra alma.

Se puede borrar

*Y perdónanos nuestras deudas,
como también nosotros perdonamos a
nuestros deudores.*

MATEO 6:12

Las infracciones de tráfico varían. Al frente de la clase están los corredores. Algunos reciben una multa en mano; a otros les envían una foto y la multa por correo. Los que se saltan el semáforo en rojo están casi al final. También asisten los que estacionan en zona escolar, los que van a rebufo y unos pocos infractores del derecho a rebasar. Todos somos infractores del tráfico. La recompensa por asistir a ocho horas de clase de conducción defensiva es rebajar los puntos y poder sacar el seguro del auto. Todos somos pecadores. La recompensa por vivir la Palabra de Dios tiene que ver con la vida eterna.

Tiempo

Perdido en la accion

*Velad, pues, porque no sabéis
cuándo vendrá el señor de la casa; si al
anochecer, o a la medianoche, o al canto
del gallo, o a la mañana.*
MARCOS 13:35

El reloj de mi cocina se rompió, y lo tiré.
Ahora, al menos diez veces al día, miro la
pared donde estaba el reloj. Cada vez que
lo hago me molesta que no esté. Señor, no
importa donde estoy ni lo que hago, tú
siempre estás en tu lugar, cuidando de mí.

Lavar los lunes

Y el Dios de esperanza os llene
de todo gozo y paz en el creer, para que
abundéis en esperanza
por el poder del Espíritu Santo.
ROMANOS 15:13

Enciendo la secadora, convencida de que la ropa necesita otro ciclo. Cincuenta minutos después suena la alarma, y abro la puerta. He pasado cincuenta minutos esperando en vano; no había nada dentro de la secadora, porque la ropa aún estaba en la lavadora. Algunas personas dan vueltas como esa secadora vacía. El tiempo pasa y se mueven, pero realmente no se logra nada. Están dando vueltas en vano. Señor, no queremos ser vasos vacíos, sino ser llenas con la bondad de tus caminos.

Jesús, toma el volante

Palabra fiel: Si alguno anhela obispado, buena obra desea.
1 TIMOTEO 3:1

Mis padres tenían un auto familiar antes de que las furgonetas se pusieran de moda. Mis padres compartían el auto para ir a la escuela, a la pista de patinaje y a los eventos de la iglesia. A menudo, ayudaban a otros padres ocupados. Yo era hija única, y mis padres veían cuidadosamente cada uno de mis logros. Eran la representación de "involucrarse". Padre, tú me tratas como a una hija única. Estás ahí siempre e "involucrado".

Eternamente

Y a la medianoche se oyó un clamor:
¡Aquí viene el esposo; salid a recibirle!
MATEO 25:6

Mi padre, un soldado de la II Guerra Mundial,
vio a mi madre, con dieciséis años, desde la
ventana de un autobús. Se bajó en la siguiente
parada y la siguió hasta la muestra de pintura.
Y el resto es historia. ¡Estuvieron casados
casi cincuenta años! Oh Padre, ¿cuándo te
vi por primera vez? ¿Te seguí de inmediato?
Ayúdanos, Padre, a crear una historia contigo
que haga que cincuenta años parezcan nada.

Cuando el tiempo se quedó inmóvil

*En tiempo aceptable te he oído, y en día
de salvación te he socorrido. He aquí
ahora el tiempo aceptable; he aquí
ahora el día de salvación.*

2 Corintios 6:2

El reloj de pie está situado en la esquina de la habitación. En cuanto a cosas materiales, es mi posesión más preciada. El único mantenimiento que requiere es darle cuerda una vez a la semana. Sin embargo, con demasiada frecuencia, sus engranajes se detienen en seco debido a mi negligencia. Padre, a veces fallamos, incluso cuando tenemos la mejor de las intenciones y los mayores deseos. Por favor, no nos dejes fallar a la hora de seguirte a ti.

Creciendo en la fe

Considera lo que digo, y el Señor
te dé entendimiento en todo.

2 Timoteo 2:7

Hubo un tiempo en que yo no entendía al hijo pródigo. Me ponía totalmente de parte del hermano mayor. Cuando finalmente entendí el verdadero mensaje de la parábola, mi boca se abrió de la sorpresa. ¿Qué? ¿El Señor me traerá de vuelta sin importar lo lejos que me haya desviado, el tiempo que me haya ido o lo que haya hecho? ¡Aleluya! Mi Padre me ama.

El aire que respiro

Por esto orará a ti todo santo en el tiempo
en que puedas ser hallado; ciertamente
en la inundación de muchas aguas
no llegarán éstas a él.

SALMO 32:6

Dicen que la organización es la nueva dieta. Oh, cómo anhelo sacar el máximo rendimiento a nuestro tiempo. Me gusta hacer listas, y mientras no me aleje de 1.Pagar facturas; 2.Darme una ducha; 3.Ir a la oficina de correos; 4... soy capaz de hacer cosas. Pero si dejo algo sin apuntar, de repente se me olvida la lista. Señor, leer tu Palabra está en mi lista. Está al final porque me gusta pasar tiempo contigo antes de irme a la cama, pero no quiero que seas simplemente una marca en mi lista de actividades, sino quiero que tú y tu Palabra sean algo tan normal como respirar.

Este es el día

El pan nuestro de cada día, dánoslo hoy.
MATEO 6:11

Ayer ya pasó, y el mañana es una esperanza,
mientras el hoy se despliega ante nosotros.
Padre, permítenos apreciar las oportunidades
que salen a nuestro encuentro cada día;
oportunidades para apreciar la vida,
la familia y a ti. Hoy es mi día.

Confianza

Rescátame

*Inclina a mí tu oído, líbrame pronto; sé tú
mi roca fuerte, y fortaleza para salvarme.*
SALMO 31:2

Mi hijo apenas tiene un año de edad. No le da
miedo el agua, porque no tiene ni idea de que
se puede ahogar. Lo que sabe, lo que siente
con su naturaleza confiada, es que yo estoy ahí
para sacarle en caso de que se hunda. Oh, si yo
fuera así de valiente, si confiara en un Señor
que me levanta cuando tropiezo. Como mi hijo,
sé que estás ahí, y no te doy suficientemente
las gracias por haberme salvado.